中研院近代史研究所口述历史系列

袁同畴先生口述历史

访问 张朋园 马天纲 陈三井

纪录 陈三井

九州出版社 JIUZHOUPRESS | 全国百佳图书出版单位

图书在版编目（CIP）数据

袁同畴先生口述历史 / 张朋园，陈三井，马天纲访问；陈三井纪录. -- 北京：九州出版社，2012.10
（中研院近代史研究所口述历史系列）
ISBN 978-7-5108-1739-7

Ⅰ. ①袁… Ⅱ. ①张… ②陈… ③马… Ⅲ. ①袁同畴（1901～1986）—生平事迹 Ⅳ. ①K827=7

中国版本图书馆CIP数据核字(2012)第237252号

袁同畴先生口述历史

作　　者	张朋园　陈三井　马天纲 访问　陈三井 纪录
出版发行	九州出版社
出 版 人	徐尚定
地　　址	北京市西城区阜外大街甲35号(100037)
发行电话	(010)68992190/2/3/5/6
网　　址	www.jiuzhoupress.com
电子信箱	jiuzhou@jiuzhoupress.com
印　　刷	三河市东方印刷有限公司
开　　本	680毫米×970毫米　16开
印　　张	15
字　　数	134千字
版　　次	2013年3月第1版
印　　次	2013年3月第1次印刷
书　　号	ISBN 978-7-5108-1739-7
定　　价	38.00元

出版说明

台湾中研院近代史所，从建所至今，几十年来共采写和出版了二百余种“口述历史”。近代史所的学者制定了严格的口述史操作规范，并进行采访和撰写，使类似史料层面的“回忆录”和“纪实”，上升为可供专业人员研究的“口述历史”。他们的访问对象涉及当代军事、政治、经济、文化等各方面的重要人士，请其自述生平，为现代史研究留下了一系列珍贵的口述记录。

九州出版社“中研院近代史研究所口述历史系列”，是上述二百余种“口述历史”的精选集，也是海峡两岸出版交流中心的重点引进出版项目。本系列以简体字出版，对原书注文体例和文字错误进行了必要的订正。原版本的丛书弁言和前言，介绍了该丛书的缘起、价值和意义等情况，简体版将其主要内容附于书前。

该书访谈对象的某些政治立场、观点和看法，我们并不认同，但为了保留史料，便于参考研究，在编辑过程中，我们对文中对我党我军的诬蔑性语句和称谓进行了中性处理，内容仍保留原貌；个别之处，有所节略；对于文中一九四九年十月一日以后使用的“民国”纪年，改为公元纪年；对于文中一九四九年十月一日以后的台湾当局相关机构、职务等，加以引号。本系列图书供近现代史专业读者参考使用，望读者在阅读时注意辨析书中的一些内容。

九州出版社

2013 年 3 月

弁　言

口述历史访问计划，中研院近代史研究所在筹备时期，即由筹备主任（嗣任首任所长）郭廷以拟订进行，其目的在访问当代军事、政治、外交、文教、经济、社会等各方面的重要人物，请其自述生平，为现代史保留忠实而深入的纪录，以备历史学者之研究。自一九五九年十月起迄一九七二年九月止，参加访问工作者先后有沈云龙、王聿均等二十二人，接受访问者七十余人，成稿六十六份，约四百八十万言。

口述历史资料，其重要性不亚于文献档案。民国以还，内乱外患交迭相乘，史料损失，不可胜计。对历史真相的了解，需要参证当事人口述之处甚多，这些笔录，对中国现代史的研究将有莫大的帮助。本所于一九八二年开始征得应访者（或其家属）同意，陆续刊印访问纪录，列为口述历史丛书。一九八四年春在所长吕实强推动下，成立口述历史组，恢复访问工作。

本所访问人员力求应访者尽情畅谈，所成笔录文稿保留口述原意，不予刻意修饰。初稿送应访者校订后视为定稿。惟应访者记忆难免有所疏误，或有涉及价值判断、个人恩怨、政治立场，而纪录或有语意不清，印刷或有手民误植，尚祈读者赐函指正。

中研院近代史研究所口述历史组谨识

一九八六年元月

前　言

袁同畴先生，字梧江，光绪二十七年（一九〇一）一月五日生于湖南省汝城县南乡之杲（古）塘村。袁氏始祖溥公，于宋英宗时任礼部尚书，由郴州迁徙于此；世代簪绅，邑中望族。父先才公，贸迁有成，资兼文武，惟屡试不第；乃捐资赠贡生；初娶朱太夫人早逝，继娶殿华村宋太夫人，娴淑温顺，生先生暨弟正东。先才公殁时，先生年仅七岁，弟正东甫三龄，端赖宋太夫人抚孤督教，得以成立。

先生少聪颖，好读书，惟正当科举已废，私塾停办，先从族叔丹梯公读三字经。民国二年，入县立濂溪高小就读，前后三年。毕业后，入“鹅湖书院”修国学一年，奠定经史诗文基础；继考入郴郡联中，后转学至长沙船山中学。在船山，承名师贝允昕、石广权等教诲，受益良深，故曾撰《船山名师录》以记之。会五四运动起，先生被推为“驱毒”（指驱逐湖南督军张敬尧）校代表，奔走呼号，不遗余力，终不见容于军阀，未及参加毕业会考，而愤走上海，与吴芳、卜道明等组“沪滨工读互助团”，得上海名流邵力子、沈玄庐、李石岑等之赞助，张东荪、陈独秀之函贺。嗣因常于《民国日报》、《时事新报》发表作品，渐有文名，蒙邵力子等人推介，乃得获准入复旦大学插班就读。

先生之写作，以鼓吹社会改革运动为尚，时当五四运动之后，新思潮勃兴，大家均有改造社会之愿望，故常与邵力子、沈玄庐、张东荪、陈独秀等会面。陈独秀为示拉拢，曾亲访先生居处，邀其共同组织“社会主义青年团”(即SY)，先生即与“沪滨工读互助团”八人集体参加。其后两人意见不合，从此分道扬镳！

民国十年，先生自复旦毕业后，作南洋之旅，至吉隆坡，目睹当地殖民政府压榨华侨之苛政，加之共产分子不断散播邪说，乃结合友好，创办《南洋评论》，以鼓吹反共及灌输民主自由新思想为职志，并开设“南溟学馆”，以为传习国学之所。不久为共党所忌，向殖民政府诬陷，先生因之被捕系狱，幸得廖仲恺报请 国父设法营救，始获释放，并遣返广州。

民国十三年抵穗后，正值蒋中正先生奉 国父之命筹创黄埔军校，先生承戴季陶、廖仲恺介绍，加入中国国民党，并荐与蒋公入军校工作，先后历任军校办公厅秘书、中国国民党黄埔军校特别党部常务委员兼校史编纂委员会总编纂。北伐时，随军至武汉，因积劳成疾，奉准给假前往日本，一面就医，一面入日本大学选修文学及政治经济，为时年余。迨北伐功成，国府定都南京，始奉蒋中正先生电召回国，先后膺任湖南省清党委员、湖南省党部委员、湖南感化院院长、湘粤边境讨逆民团总指挥、湖南省地方自治筹备委员会委员、内政部简任秘书、考试院参事、高等考试典试委员等职。

抗日战起，重参戎行，先后任军事委员会政治部设计委员、第六战区战地党政委员会中将委员兼秘书长。胜利复员，任中训团甄训考核组军简一阶组长、国防部文职人事司中将司长，主办退役军官十余万人之转业考试及分发工作，懋绩丕著，迭蒙勋奖，一时誉为文武人事之桥梁。行宪后，于原籍汝城膺选第一届国民大会代表。

民国三十八年先生来台，代表国防部接收日本赔偿物资，用充我国军公生产设备，于生产事业管理委员会统一调配运输下，顺利完成任务。旋任国营台湾糖业公司监察人、董事、中国渔业公司董事长等职，于生产事业献替良多。先生体质素弱，早年即患鼻咽癌，凭持毅力，与恶疾搏斗达三十余年，频年复患气喘，终以年高体衰，而于一九八六年三月二十日病逝荣总，享寿八十有六。老成凋谢，知者同深悼惜。

先生自一九六三年三月十五日至五月十日止，先后接受本所访问四次，访谈内容以早岁求学经历暨抗战前从政经历为主。访问工作由张朋园先生主持，马天纲、陈三井两人记录，初稿由三井整理。一九八七年岁末，本所口述历史小组初步决定刊印此一访问纪录，三井先征得先生表弟宋承书教授之同意，并承其提供若干资料与珍贵照片，乃着手进行。按民国一九八一年秋，先生八旬晋一之辰，曾搜集新旧作若干篇，汇印成册，书名《往事如烟八十年》，分赠亲朋好友，惟流传并不广。值此先生访问纪录付梓之际，特精选其与访问内容较为相关者十一篇，并自上海《民国日报·觉悟》副刊找到先生所发表之《往汕头去》、《西湖游中寄之华》两文，合为附录，并同刊出，一者聊补先生生前未能觅得旧作之缺憾，一者亦可藉此对先生之文采与思想有较多而完整之了解也。

本访问纪录交排前后，承官曼莉小姐复印资料，校对全稿多遍，并编制索引，忙碌而辛苦；另烦张力先生设计封面，特此一并志谢！

陈三井　谨识

一九八八年五月八日

目　录

附录

承書嘯表手筆,久未晤談,時此想念。閔
弟心臟血管有部份梗塞,曾經榮總治療出院,因得華盛頓未悉
近日情況如何。此病不救,一方保養常人,一旦發病,即非常嚴重。
國會圖書館入住院動手術,打通阻塞血管,幸現飲食工作如常。
美國在美醫治,我對美國金不可,且美國對于打通血管尚未盛
行,不必多行之,亦不幸中之幸也。日前(本月三日中央日報廣告登事摘)
登有啓事一則,內容為亨沁城同鄉朱上正已死于美國加州,府遺親
屬只朱妻鄭秀玉及其子女。朱上述朱上 朱早年在鄉間教書,後
陸已外出,而又不盡量力,棄妻別娶,且生有子女數人,而登啓事目的在
于向同鄉求援,或恐有別意,亦可也。同鄉中亦有去彼一家通音問否
無亂不擾,無理問意,不有所也幸
疑也一一 又上正年僅五十四,又患何病而死,我國蒐藏無人全無長
見但心臟病猝而死,言之,弟病知曉,氣味稍滯,不精神衰弱,而純外
出,原料想健康,來單,希出書候,即此
捺祉

思 袁同禮 同疇頓首 三月十日
(75)

袁同畴先生手跡之一

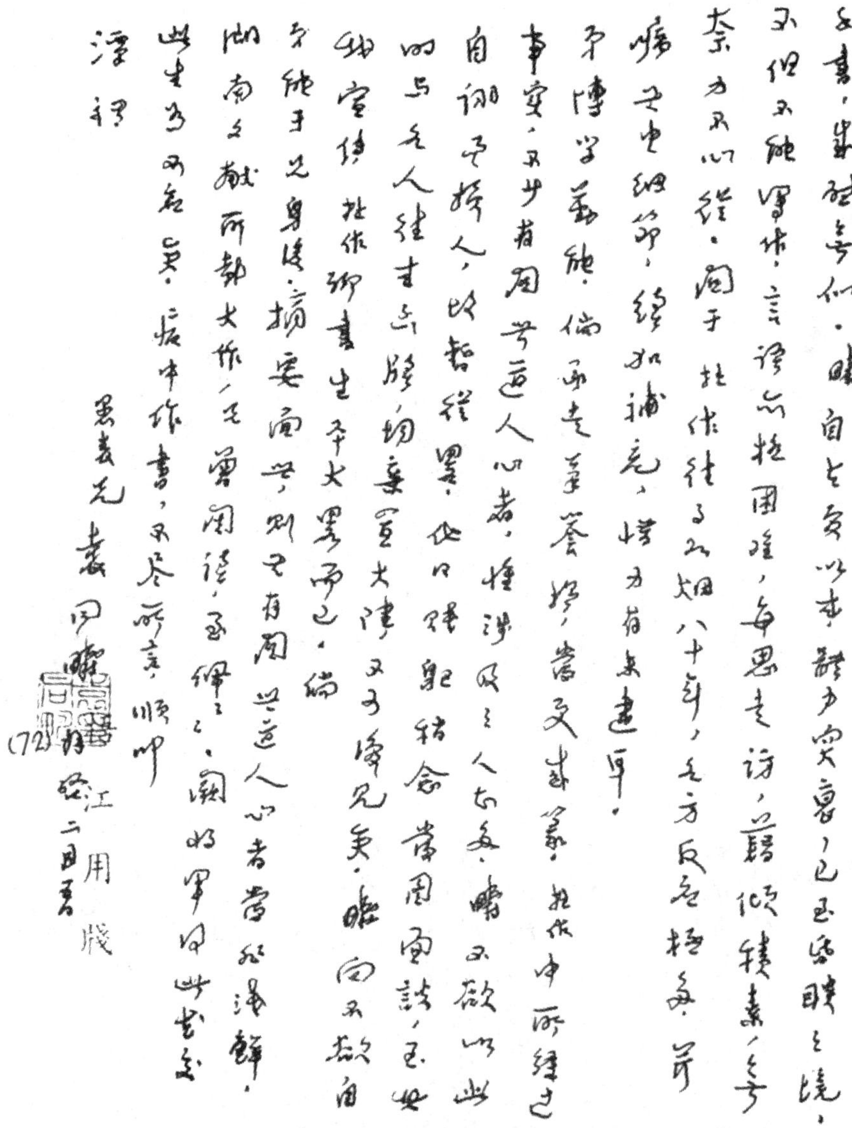

袁同畴先生手跡之一

袁同畴先生遗像

袁同畴先生（图右）与袁正东将军夫妇、母亲袁田宋氏，于民国十九年合影。

民国二十年袁同畴先生全家合影。左起：袁同畴先生、子国庆、妻朱氏、母袁田宋氏，右二人为袁正东将军夫妇。

时　　　间：一九六三年三月十五日至五月十日共四次

地　　　点：台北市合江街卅一巷十一号

访　问　人：张朋园（中研院近代史研究所专任研究员、

“国立”台湾师范大学历史研究所兼任教授）

马天纲（曾任中研院近代史研究所助理员）

陈三井（中研院近代史研究所助理员）

纪录及整理：陈三井

一、从学生时代到半工半读的报馆生涯

（一）就读船山中学

毛泽东、吴芳、白瑜和我同是湖南人，他们念的是长沙第一师范，我就读的是船山中学。船山中学为船山学社所创办，船山学社之前身则为清朝之思贤讲舍。明亡于清后，湖南人之反清意识强烈，然不敢公然反清，因藉纪念富有民族思想的王夫之（晚年居湘西石船山，学者称之为船山先生）为组织，名为纪念,实隐含“反清复明”之意。迨清人式微,汉人日渐抬头，方改称之为思贤讲舍。后日革命先烈，如黄兴、蔡锷、宋教仁等人才辈出，其思想盖即受此讲舍之影响。至民国成立，乃将思贤讲舍改名为船山学社，专门提倡学术。同时，为迎合时代潮流之故，兼办船山中学。课程与一般中学相同，但特色为重视国学。

船山中学首任校长贝允昕，为清朝举人，且曾留学东瀛，故为一具有旧学根底与新思想之人物，其人肥胖，皮肤白皙，蓄有胡子，常穿西装，外貌颇似圣诞卡片上之圣诞老人。当时一般教师皆坐四人大轿来校授课，唯独贝氏喜坐黄包车（东洋车），是其与众不同处。学社长刘人熙为清之翰林，革命期间曾任湘省督军兼省长，甚孚众望，故被推为学社长。贝允昕为刘氏之女婿，是其长校之由来。日后，刘人熙离湖南到上海去，社务乃交由贝氏全权负责。

贝允昕任校长两年之后，由石蕴三（广权）继任。石先生为中国有名之国学家，著作颇丰，尤擅长小学。曾云："吾人读先秦典籍，旨在了解古音，若不解古音，即不能解释古籍。"并举论语的"子曰学而时习之，不亦说乎？有朋自远方来，不亦乐乎？人不知而不愠，不亦君子乎？"一段为例，他认为朱熹的注释是错的。正解应该是："我的学问，当时的人都来学习，不也是很快乐吗？有朋友不远千里而来学习，不也是很高兴的事吗？假如有人不知道而不来学习也不愠怒，不也是君子的风度吗？"这才是孔子的本意。石先生著有《论语今读》一书，中华书局出版，无论句读或解释皆与一般人有出入。后曾执教于中国公学，胡适之先生是其学生之一。

（二）反张敬尧运动

民国八年，湖南学生运动反张敬尧，因张主湘期间，骚扰百姓，摧残教育，诸种手段无所不用其极，湖南人恨之入骨，讽称之为“张毒”。学校中因校长石广权具有新思想，故倾向于国民党。是年，中山先生之孙文学说在上海出版，校中学生二人，将此书购携至湖南，事为张敬尧所知，即为之拘去处死。张氏对学生之迫害类似者不胜枚举，甚而学生在校戏球，张亦派人将球抢去而不归还，或故意切断电线，予学校无限之麻烦。以此视今日学生，衣食住行均获政府妥善照顾，犹不安心读书，是真辜负政府之期望。大陆沦陷前夕，四处学潮频仍，予政府无限之困扰，最为可叹！

张敬尧百端迫害学校，民国八年春天，学生、百姓始联合反张，实行大罢课。是时我为船山中学代表之一。罢课后，同学皆离校回家，我则留住学校，坚持“张敬尧一天不离湘，学生一天不复学’的主张。那时我名叫“贤昌”，忽一日与校长相遇，校长对我说：“你现在书也不读，既不‘贤’也不‘昌’，我看还是跟我读点书好了。”我知他国学渊博，乃藉此机会追随他读书。初读荀子，次读老子。老子八十一章，石校长边讲边批，旁搜博采，见解独到。这时胡适之的《中国哲学史》上册已出版，我将有关老子部分请教于石校长，他说：“适之虽是我的学生，但他写此书时并未问过我什么，我看他自己也没搞通。他的哲学史有关老子的部分是根据王弼所注撰写，而王弼作注时年方二十，那能全懂？”石校长对于老子的断句与含义均有独到而与众不同之处。我能有此机会追随问学，于文学思想均有甚大之影响。

（三）到上海卖文为生

罢课后，张敬尧仍未离湘，我只得坚持不上课的主张而到上海去，那时我只差一学期即可毕业，学校因为我成绩好，以后仍承认我毕业。

我到上海后，先住宿于旅馆，并取家中汇款接济，后遇两位在船山中学低一班的同学袁笃实与罗觉，二君准备留法而尚未成行，于是始迁去贝勒路吴兴里与二君同住，时在民国九年春天。当时上海有两家知名的日报，一为《民国日报》，一为《时事新报》，前者为国民党所创办，有《觉悟》副刊，由邵力子负责，后者为张东荪所主持，也辟有副刊《学灯》。此二报与另一定期刊物《解放与改造》皆为新文化宣传者，对于当时的青年学生影响甚大。

我因不愿依赖家中接济，开始投稿各报副刊，卖文为生。笔名为“大石”，又署“袁支”或“世安”，但以前二者用得较多。当时稿费收入颇不恶，千字可得二至四元。当时生活所需，因饮食便宜，早晚二餐，每月大洋四五元足敷，若在回教馆开伙，亦不过六元大洋，平均当时每月稿费收入约为五六十元，除日常生活开支外，尚有余裕。日久有感不难自食其力，乃自办沪滨工读互助团，仿留法勤工俭学会，自己赚钱自己读书。袁笃实与罗觉二君，因留法不成，旋在上海《救国日报》（非龚德柏所办者）担任校对工作，以此维持生活。后来他们都不在外面包饭，自己买了炉子，在报馆一边校对，一边烧饭。他们都成了沪滨工读互助团的基本团员。

（四）初识陈独秀

一日，我正预备去报馆探望罗、袁二君，外面正下着毛毛细雨，忽有人敲门而入，其人穿着雨衣，戴着雨帽，乃一素昧平生的陌生人。他递给我一张名片，接片大吃一惊，此陌生人正是鼎鼎大名的陈独秀，我问他："您怎晓得我住在此？"他回答说："从《民国日报》打听而来。"并且又说了许多钦佩我的文章的话。印刷厂的房子本很局促，屋中又有煤烟，只得请他委屈落座，但见他从容随和，满不在乎。谈话恳切，并希望我能与之多接近。临行又留下地址（霞飞路渔阳里二号），大有欲我前往拜访之意。当时陈氏已是大学的名教授，而我乃一普通学生，自思能有机会聆教，当属幸事，哪会意识到陈氏联络之意。

（五）成立沪滨工读互助团

约在民国九年春夏之交，卜式奇（道明）等一班旧识也来到上海。这时我的经济已较有基础,乃组织“沪滨工读互助团”，宗旨为互助合作，赚钱共用，实行社会主义的集体生活。团员连我共有八位，但除了吴芳、卜式奇、罗觉、袁笃实等四位外，余均遗忘。初成立时，还请了当时名流如陈独秀、史量才、邵力子、黄警顽等为赞助人。若同学中有失业者，即请他们帮忙介绍安插工作。黄警顽其人，服务于商务印书馆交际组，地位并不高，但善于交际，记忆力特强，凡有一面之缘者，下次再碰面均能道出对方姓名。不仅如此，黄氏似是行行精通，与人见面往往舍己从人，问长问短，皆投对方所好，譬如与我相会，便问:“最近有何杰作？要不要付印？”堪称交际博士。

（六）插班复旦大学

在赞助人中，以邵力子出力帮忙最多，邵先生人品古道，惜其思想与我等甚有差异。我之结识邵先生系由投稿而起，日久获其提携，关系益深。我们之能进复旦大学，便是邵先生所介绍的。那时复旦大学与交大均在徐家汇，比邻为校，校长李登辉出身华侨。一日邵先生带我们去见李校长，说："这些青年半工半读，极为勤奋，希望能在贵校获一求学机会。"李校长擅长英文，而不识国语，竟误会了半工半读的意思，说："我们学校没有工科。"后经邵先生解释所谓"工"乃 work 之意。李校长呵呵之余，甚称道我等之求学精神。邵先生又极力提高我等之程度，要求插班二下。当时复大尚无明白分系，所以我读的是文科政治经济。这是我进复旦的经过。学校未收我们的学费，我们仍旧继续半工半读的生活。白天听课，晚上写稿，有时还帮邵先生阅看副刊的稿子。邵先生举人出身，十六岁中举（其实应为二十岁），民国九年任《民国日报》副刊《觉悟》主编，这时他尚不是共产党。当时的新文化运动宗旨，在改造社会，是广义的社会主义，张东荪、吴稚晖、邵力子等可以说是代表人物。邵先生要我每天帮他看副刊稿子，虽是额外负担，而我年轻力强并不以为苦。那时叶楚伧、陈望道（按叶为《民国日报》社总经理）也都是编辑。叶为章太炎的学生，陈则曾经留学日本，笔名晓风，是共产党后日的重要人物之一。我与他们共事，当邵先生不在时，经常大开辩论，叶满脑子旧思想，陈则常有偏见，不免有时争得面红耳赤，但主张虽不同，大家还能互相容纳。

（七）参加社会主义青年团

陈独秀要组织社会主义青年团（SY），一日在其渔阳里家中邀请了十三人，十三人中，我只记得沈定一（玄庐）、陈望道、俞秀松、卜式奇、吴芳、袁笃实、罗觉[①]、邵力子和袁介白[②]、陈独秀与我十一人，发表宣言，旨在改造中国社会，建立社会主义的新生活。陈独秀对与会人员称说，吴稚晖、戴季陶、毛泽东、李大钊等人均为赞助者。青年团成立之后，除宣言外，还出版刊物《劳动界》，为机关报，最初由我主编。《劳动界》除了宣传主义，还调查劳动者的生活状况。我们工读互助团同学曾亲至各工厂实际调查，并发现问题研究问题。《劳动界》出版不过二十三期即先停刊，盖陈独秀、李大钊、毛泽东另有核心组织，我们不过是外围分子而已。

---

① 罗觉字亦农，后为工人运动中被杀的第一人。

② 他是我堂兄弟，信尼采哲学，认为人生无意义，曾于五月九日投黄浦江自杀，轰动一时，被人救起后，写一篇《我五九后的自杀观》，几年后复自杀，因他系遗腹子，生性悲观。

（八）与陈独秀分道扬镳

当时有一位山东人杨明斋，是陈独秀介绍我认识的。杨曾在俄多年，加入了国际共产组织，派来中国组织中俄通讯社，并自任社长。他找我们帮忙，纯粹是义务的，工作毫无报酬，我们也全凭对社会革命的热忱而出力。当时中俄通讯社所发之稿皆由俄国供给，最初各报罕为登载，如偶尔刊登，杨明斋便欢喜若狂，高兴万分，后来各报刊登其通讯稿渐多，杨更是喜形于色。

此外，杨明斋又在新渔阳里六号设外国语学社，用为共产党的外围组织，其传授外语，以俄文为主，故俄籍教授最多（卜道明即在此学俄文）。他们为了吸收青年知识分子，又在外语社举办学术演讲，最初亦邀请各派人士前来演讲，以后则渐渐排斥非社会主义者。外语社日久吸收了一些激进的青年，沈雁冰（即茅盾）当时在商务印书馆编《小说月报》，曾经将他翻译的书出卖版权给商务所得的八十元捐给外语社，作为添置书籍之用。我们社会主义青年团开会讨论该买些什么书，有人主张到虹口书店买些偏重经济思想方面的书。陈独秀说：“许多谈经济思想的并非真正的社会主义，只有共产主义才是真正的社会主义。”此语一出，引起了大家的争辩，我说：“社会主义青年团应研究各种社会主义，如果只准研究一种，这谈不上研究，等于封锁大家的思想，如果这样做，大家会不同意的。”陈独秀见机说：“这问题改天再谈！”散会后，他请我到他家谈话，他对我说：“我想把SY变成CY（共产主义青年团），希望你能赞成。”我回答说：“我还没到赞成程度，因共产主义还有问题。”他反问：“什么问题？”我说：“例如我们互助团中有一位姓吴的仁兄，为人浪漫懒惰，不事生产，只有消耗，如果社会主义即是共产主义，像此位仁兄的做法，社会主义非失败不可！”他说：“只有共产主义才是真正的社会主义，其余的社会主义仅是一种社会政策，一种救济方法，向资本家讨残羹剩饭。唯有农工革命，农工控制生产工具，自己才可以生活，才不要资本家的施与。”我说：“这话靠不住，当农工有生产机会，得到生产保障，他就不生产。我想人类工作最大的原动力即欲望，使他追求满足，才能使他工作。”（今天“共匪”农业失败、粮荒频仍，即是这道理，因为工业生产是绝对的，由原料到成品是固定的；而农业生产则是相对的，因农业是有生命之物，需用感情培养它，以精神照顾它才行。如果不用满足人类欲望以支持其工作，那是不行的！）两人争执很久，最后他说：“我欢迎你们参加，否则还是好朋友！”我回来后将此次谈话向互助团宣布，同学参加者很少。我因基本思想上与陈独秀有不同之处，自此我们就分道扬镳了。此为民国十年春之事。距CY成立期间尚不到一年。CY成立时已发展到一百多人，原来陈独秀起先就有组织共产党之意。

此后不久，陈炯明邀陈独秀至广州任教育委员会会长，负责办理两党联系事情。陈离开上海后，CY 便由李汉俊负责。李汉俊是湖北人，为国民党前辈李书城之弟，曾留学日本，学识与为人皆不错，生活也不腐化，是典型的读书人。除李汉俊外尚有一位李达，笔名江春，也是留日回来学生，文笔颇为锋利，此时毛泽东也来到上海，住哈同路新民三里，这些都是社会主义的朋友，大家也经常见面。

二、南洋之行

（一）走另外一条路

民国十年夏天，外国语学社选派学生留俄，前后两批，第一批有袁笃实、罗觉、吴芳等。第二批有卜道明等。第一批之赴俄情形颇为狼狈。他们由上海乘船到大连，再换火车至哈尔滨，取道西伯利亚铁路由赤塔入俄国。当时我因对共产主义未尽同意，不欲前去俄国。不料他们第一批首途者到了满洲里，便被北京政府逮捕，押解到长春审问，法官责问他们去俄国的目的，有的说做生意，有的说探亲，法官威吓他们说："俄国是共产党国家，你们竟敢偷跑前去不怕砍头吗？"假称探亲的人则推说父亲之命，不得不去，甚至于说："父要子死，子不得不死！"以相搪塞。但最后也都获得释放。第二批却成功了，安然获得出境，可能得到了俄国的帮忙。

我既不愿去俄国，却是静极思动，乃以《民国日报》特约记者身份前往南洋。当时报社只给我六十大洋的旅费，明知不敷，我还是动身了。南下到了广州，在该地遇见《新青年》广东分社经理苏麻子，他问我：“你既到广州，为什么不去见独秀呢？”于是乃与陈氏见面。陈得知我自上海来，问我在沪时是否见过李汉俊。我回答：“常见面。”陈则说：“他好开心啊！有卢布用了。”我当时尚不知陈的话意，还说：“汉俊生活也很苦。”原来此时毛泽东、李汉俊与陈氏争领导权，俄国支持李汉俊，陈独秀便落了空，所以陈说李有卢布用了。共产主义在中国的发展，《新青年》时代，标榜的尚是社会主义，到了《向导》出版，便毫不保留地表示出来。

（二）初抵新加坡

不久，我离开广州前往香港，并定好了到新加坡的船票，预备到新加坡卖文为生。是时所带旅费已经用去大半，又加在香港买了些东西，计算之下，旅馆费已经不敷。当晚躺在床上辗转反侧，无法入睡，心里真是焦急万分。然天无绝人之路，半夜起床小解，于穿鞋时，忽见床下有银白雪亮之物，扭灯察看，竟是银洋六元，谅系前客所遗，当时心中有说不出的快慰。此款竟解了我旅途之困窘。

到了新加坡，囊中仅剩九毫，仅够一夜旅馆之资，乃开始撰文投稿，以为生计，好在我的文章甚受欢迎。当地华侨教育会，主持人姓梁，他知我住旅馆不是长久之计，乃请我搬进教育会，居星岛一月，很快便过去了，旋又前往婆罗洲。

（三）从婆罗洲到槟榔屿

至婆罗洲，在亚庇巧遇白瑜，白氏适在当地一所学校教书，以该校尚缺一教席，力挽我亦重任教育，我当时没有答应，不久又回到新加坡。教育会梁先生认为记者生活不如教师安定，亦劝我就教职。后来纳闽之启文学校函请新加坡教育会代聘校长，梁先生不待征求我的同意，便将我荐去该校。当时学校已经开学，而我又另有任务在身，乃坚持不就。教育会只得另荐一位姓唐的广东人暂代。

我在新加坡逗留一段时期之后，又静极思动，梁先生仍劝我去启文担任校长，这时我也有意前往一游，乃准备动身。纳闽为一小岛，与新加坡往复，半月一次船期。我到了当地发现无旅舍可住宿，本打算即回星岛，但因船期之故，只得留下，时为一学期之半，若以本名往访，必疑我前来夺其职位，因持口袋中友人名片“平的”与唐校长见面，平的原名为韩竹痕，是我在船山中学之同学，后加入共产主义青年团，由陈独秀派到南洋来跟踪我者，盖陈恐惧我在南洋宣传不利于其组织之故。平的因与我为同学，虽不合作，仅劝我不要明持反对的态度。

我以“平的”的名片与校长见面，目的是觅地安身二星期，等待船期而后返回新加坡。因我与教育会梁先生有旧，唐校长待我甚好，但住了二三日，便引起了校董们的不满，认为校长将学校当旅馆招待朋友，甚为不是。闲言传来，我不得不借故离开，另在学校附近的椰子园赁屋而居。留居纳闽数日，仍以卖文为生。小岛之上天天吃牛奶、面包，盐与蔬菜皆属少见，颇为不惯，惟星期六，唐校长必请我餐叙，一换口味。有时唐校长亦过我处闲谈。一日，他看到我所带的书籍中有“袁贤昌”印章，始疑心我即是未就任的“袁支”校长。以后白瑜的学校聘请教员，来文向启文征求，唐校长便问我愿不愿去，为了避免谜底的揭开，我也就答应了。但临走时，校长终于问我的真姓名，我仍自称“平的”。唐校长却非常诚恳地说：“君勿骗我，君即未就任的袁支校长。”我只得承认，并说明我不能出任校长的原因，感谢他们的盛情招待。事后唐氏回学校将经过宣布，校董们皆觉惭愧不安，因按南洋规矩，学校所聘请的先生，虽不教书，亦可支薪一年，我既未支薪，他们也未尝招待我，自觉难堪不安，以后启文又曾派人到亚庇请我回校，我仍以做记者为借口辞却之。

我在亚庇教了两个月的书，便与白瑜同回星岛，后又独自换船至槟榔屿，在槟埠，不幸传染得伤寒病。忆当时宿于戏剧业会馆，为了生活，曾为当地之《华侨日报》撰文，初时小有不适，仍然扶病为文，以后病势日益加剧，乃至不能提笔。会馆内仅有一工友，病中为我送茶送水，此一病共拖了一个半月，我住在二楼，一晚，东倒西歪地下楼小解，一开门见楼下灯烛光亮，顿觉全身舒畅。然下楼梯后，见烛光所照者竟为一死尸，面部覆盖钱纸，颇为恐怖，然我仍鼓足勇气小解而归，回房后已是一身冷汗。经此惊骇，病势豁然而愈。翌晨无人端茶送水，心中正在狐疑，恰巧对面有一十七八岁学生前来探视，彼云死者即是那送茶水的工友，因他昨晚外出吃面消夜，不幸中毒暴毙，没想到我竟陪死人过了一夜。我的病之获愈，又得感谢《华侨日报》总编辑，四川人易倩愚先生。以文字之交而认识易氏，他懂中医承其诊治，得不为异乡孤魂野鬼。

（以上为第一次访问，一九六三年三月十五日）

（四）办《南洋评论》月刊于吉隆坡

原在纳闽启文小学的唐校长，以后到士莪月任新民学校校长，他很感激我以前对他的成全，现在听说我害病，便要我到他那儿养病，顺便教点课。士莪月是一小乡镇，我只教了一学期，便动身到今马来联邦的首府——吉隆坡去。在此地，我办了一个月刊叫《南洋评论》。鼓吹民族思想与民族革命，因国外华侨长期受外国人压迫，心中非常苦闷难受。那时的北洋政府对于侨胞又毫无帮助，华侨全靠自力奋斗，境遇至为艰苦，所以，办此刊物，唤起侨胞民族思想，团结以求生存。这时平的又跟踪我而来，劝我至少不要反对共产主义，我对他说："我们在国外，可以看得出，民族团结比什么都来得重要，我们要求个体的解放，必先求全体民族的解放，在国外民族与国家的观念特别重要。”然而相反地，共党只有阶级意识，没有民族、国家观念，他们说工农的祖国就是苏俄。这时约为民国十一年，孙中山先生的三民主义尚未有系统成套的宣传，一般侨胞只知民族思想，而不晓得民族主义，而共党只搞阶级斗争，不顾国家民族，因此两方只有互相对立。在南洋，共党他们也有《益群报》，此报本为国民党所创办，社长彭泽民为国民党老党员，只因他识字不多，头脑不清，为共党所利用而不自知。当时打进报社的共产党员有许甦魂、董方城、包惠僧。他们的言论上表面为国民党，实际则宣传共产主义，《益群报》因此与我们格格不入，互相批评。在海外，因华侨民族意识较深，故大多喜欢我们的言论，但也有少数青年受共党的蒙蔽而追随他们。

除了《南洋评论》月刊外，我们还办了一所“南溟学馆”，专收中学毕业而未继续升学的学生来此深造。教师除了我之外，还有一位李灵周，或叫李勉诚，笔名兼越，他的文笔甚佳，尤其做得一手好诗。他是广东人，在上海时，曾自制一白布大旗，上书“无政府主义”五个大字，持菜刀游行，因而被捕坐过牢。无政府主义比较偏向于自由思想，因此他与我们合作，我们站在国家主义立场反共，他则站在自由主义立场反共，当时他一方面在我们刊物上写文章，一方面也在学馆中教课。学馆学生对我们至为信赖，尤其对我所担任的代数课特感兴趣，他们说以前的老师只教公式而不知公式的由来及推算，由于学馆的开办，我们在吉隆坡起了一种领导作用，也因此而引起了共党的妒嫉，于是他们就不择手段地与我们作对起来，进而打击我们。

（五）从自由出境到被捕入狱

有一天晚上，英政府华民教育司司长渥凌（worring）带了几个人来查学馆，他说："听说你们这里是过激派（那时尚无共产党的名称，只有过激派）所办的学校，我们要查一查，你们教些什么？"我回答说："有国文、英文、数学，这些有何不可？"他又说："听说你们有秘密组织，我们要搜查一下。"身在殖民政府之下，只有任他们搜查。结果，他们并没搜出什么。以后，我曾接到教育司长要我去谈话的通知。我与渥凌的谈话，经过舌人翻译，大要如下：渥凌对我说："你刊物鼓吹的言论对我们居留政府有妨害，我们认为你所办的学校也不合适，希望你把它停办，你本人则自由出境。"我申辩说："我的刊物曾向殖民政府注册发行，怎么现在会有问题，而又要我出境？你们英国人在上海办了多少刊物，享受了多少自由，而我们便没这自由吗？"为了争取自由，我激动地流出泪来，渥凌也颇为感动。事后晓得他是英国的自由党，思想比工党开明进步，然而他是奉命行事。他说："理应如此，然而国际间的平等待遇，不能用在你们中国人的身上！"我听了心里很难受，但又无可奈何。最后他说："我很抱歉不能帮忙，你最好早日出境！"我说："我的刊物要继续维持。"他表示我可以委托人办理。我离开吉隆坡之后，"南溟学馆"只得停办，《南洋评论》月刊则交由朋友黎忠烈负责。我计画由吉隆坡到新加坡，经纳闽前往菲律宾。至纳闽后华侨高兴万分，坚留我住一段时期，他们似因为上次不曾招待我，心中尚有歉意。启文小学自唐校长走后，我推荐留法学生李少禧去当校长，李君见了我，将我留住了一个月有余。那时南洋英属各岛之间，可以自由出入，但到菲律宾却需要护照与签证。我到南洋来并未领北洋政府的护照，现在为了去菲律宾，便非领不可。当时北洋政府于北婆罗洲首府亚庇设有领事，我由纳闽买船票到山打根，途经亚庇，便顺便上岸去领护照。亚庇乃旧地重游，所以很熟，船一到我便雇车上山到了领事馆，约为晨间八、九点钟，事前不明手续之麻烦与领事之腐败。领事 ×× 竟尚未起床，侯至十一点多钟，才见其蹒跚进入办公室，原来他抽鸦片，面有菜色，名为领事却无事可领。据他说：亚庇不能办理护照，要办亦得自北京办起。况且到菲律宾的签证需要保证金，我既没有护照，更谈不上签证。我只得知难而退。回到码头，船已开行，我的行李亦随船而去，处此进退维谷之境，心中至为焦急，这一耽误需候半个月之久才有船期，于是只好前往亚庇华侨会馆，请会馆负责人去电山打根，要那边的华侨会馆代我取下行李，得不遗失。山打根与菲律宾所属宿务群岛仅有一水之隔，近在咫尺，而因国际界限的关系，只能望洋兴叹！

民国十二年夏天，我到山打根时正赶上学校放暑假，与几位教师同住在会馆中，因去菲律宾不成，在该地浪费了两个多月的光阴。是时，黎忠烈来信报告，吉隆坡的报纸无法维持，要我设法援救。黎君主持《南洋评论》，其文笔甚佳，但因缺乏煽动性，不能引起读者兴趣，故于接办之后，销路渐渐减少，再又不能争取广告，以致弄得难以维持。接信之后，决定再回吉隆坡一趟。

返至吉埠时，我先去华民教育司见渥凌，他见了我甚觉意外，说："咦！你怎么又回来了？"我半开玩笑地回答他："我以前不是自由出境吗！现在是自由入境。"他说："那不行！你既自由出境，就不能再自由入境。"我说："你记得我以前出境完全是为了报刊，现在报刊发生了问题，我为救它才回来。"他接着说："我很同情你，我以私人关系告诉你，限你两周以内办完此事，假使超过期限，那你可能要失去自由。"我所说的自由入境的话也是开玩笑的，实际上我是要离开的，因此我对他说："我很感激你！"

我想到报刊的根本在于印刷，如果自己有个印刷厂，一旦报刊被封了，即可改头换面出版。所以我计划到新加坡去创办一个小规模的印刷厂。正在计划的两周当中，意外的事件发生了。原来共党韩竹痕（平的）等这批人，见我重回吉隆坡，至为焦急，他们笔战打不过我，便想到借刀杀人的诡计来打击我。事情是这样的：他们自发一电报给居留政府，伪称某处是过激派总机关，英政府信以为真，便派人前去搜查，结果查出一些共党所伪造的开会、罢工、暗杀、煽动华侨等活动的文件，主席署名，全是“袁支”。英国人自然不明底细，以为我就是过激派领袖，而今证据确凿，似乎一点不假。就在我离开吉隆坡前往新加坡之时，电报也跟着到了新加坡，英政府侦探四出，到处追查我的踪迹，我住旅馆用的是假名袁达天。但终于还是被他们查出。侦探中有一位是白瑜的学生的父亲，那位学生曾对白瑜说：“听我爸爸讲，政府要抓一位姓袁的先生。”白瑜因之转告我，劝我暂时躲避，我说：“躲避不能解决问题，如果抓我去坐牢，反倒可以增加我们报馆的宣传力量！”我们表面上若无其事，有时也曾到那侦探家去玩，他是马来亚土生土长的，太太也是马来人，两人讲的都是马来语，只有他儿子受过中国教育，会讲华语，他也劝我最好在家里暂避风声，我没有接受，仍旧回到旅馆去住。

我在新加坡时，正逢那位不爱江山只爱美人的英国皇储即爱德华八世访问日本，道经南洋，英国人不欢迎他，反倒是华侨聊尽地主之谊，张灯结彩，有所表示。爱德华看了很高兴，对华侨们说：“你们欢迎我，我很感谢，特准你们开赌三天！”真是混蛋之至，我心中非常气愤，就在新加坡撰文批评，其如此侮辱中国人，自失身份，无异侮辱其自身，如此一来，英人又以我轻视其皇储，罪名又多加了一个。

有一天，我们约同一些学生前往新加坡对岸的柔佛远足。（柔佛国王最喜欢动物，尤钟爱鸟类，曾订有律：杀鸟者与杀人同罪，因此公园中各种鸟类与人同坐，人们抚弄其毛羽，亦不为惊。）回至旅馆，侍者告诉我，行李已被华民教育司拿去，我即赶去质问，他们回答说："我们奉命搜查！"并伪称要翻译我的文字，经过一番交涉，才把行李拿了回来。

又过了几天，大约是在早晨六点钟的时候，我尚未起床，闻外面有敲门声，起身开门，见是华民教育司的副政务使和几个高大的马来亚兵士，他们很有礼貌地说，请我到司里去谈话，并要我把行李一齐带去，说这样方便些。我就这样被殖民政府拘留了。

他们的政务使向法庭起诉，说我的言论有违居留政府利益，应判永远驱逐出境。问他们根据什么理由？他们把我以前所发的刊物全部拿出来，指其言论不当。我不禁哈哈大笑说："这刊物是你们准许注册的。且每一期我都翻译给你们看过，当时你们没有任何意见，怎么现在才说违背你们的利益呢？这不是前后矛盾吗？"法官问："你是不是不接受驱逐出境？"我回答说："当然不接受。因为理由不充分。"法官又说："那请你上诉，现在暂扣押居留所。"按英国的当地殖民法，不接受处分，可以上诉，但必须接受拘留，被扣之后，华侨经常来慰问我，要替我上诉，我告诉他们说："起诉的是英国人，法庭也是英国人主持，这官司有什么好打？不必花冤枉钱了。我的遭遇，也就是弱国人民的遭遇。如果我这次的入狱，能够促进华侨间的团结，我的目的就算达到了，不必上诉。"

（六）狱中生活与感想

住狱期间，正逢阴历年，但闻鞭炮声震耳不绝，热闹万分，不胜思念故国家乡。所幸我被目为政治犯，与外国人同住舒适的优待室并不为苦，惟狱中伙食，有东方与西方之不同，所谓东方，乃系马来吃法，用手抓饭，最初他们要我吃东方饮食，我拒绝了，我告诉他们说："我虽是东方人，但我食用筷而不用手。"他们说没有这种设备，我说："既然如此我只好不吃了！"最后监狱长来看我，他对我说："很对不起！我们没有筷子的设备，你可以改吃西餐。"这是狱中的小插曲。

按例，每天四五点钟开栅门放风（散步），当此时期，犯人形形色色，却以中国人为多。实我族华侨之不幸。在监牢，他们知道了我是办报的，是民族主义的鼓吹者，每次放风，无不对我表示敬意。犯人中有一葡萄牙人，日久与我相谈甚为投契，我们用英语交谈，彼此皆对英人之殖民作风不满。

监禁期间，我仍继续写文章，但均不获允许发表。临出狱前，我曾草一中文长信由监狱长转致新加坡总督（此信至为重要，可能已收入英国档案中），略云："南洋早年为荒岛，今日之繁荣全为华侨流血流汗缔造而成，然而英人不念华侨开发之功，转而施以虐待。视日本人就不如，实则，日本人所到之处，牙医、照相师、妓女三种人皆是日方侦探。英国人以英日同盟，视日本人为朋友，视中国人为仇敌，其谬何止千里。翻阅中国历史，几千年来从未有侵略邻国之行为，中国人一向爱好和平，与世界能和平相处，对人类贡献卓著，英人最当了解者，你们今日的朋友，即是你们未来的敌人，吾但如此预言。”此话证之后日果然应验。一般来说，外国人对中国隔膜太深，最不了解中国实情，譬如在吉隆坡的一次谈话，他指着一本东方杂志的封面说：“听说这些都是共产党领袖！”我听了实在好笑，因为那张封面上所登载的照片，是当时黎锦熙等提倡国语运动，在国语讲习会的合照。英国人容易受骗至此。再有一次，共党刊物中（可能是《向导》）印有英文 C、P 两字，英人疑问其字义，共产党人以“商务印书馆”作答，他们也就信以为真了。再有一例，当时监狱中所用牌示文字有英文、中文、马来亚文三种，他们的“此处不可吐痰”，竟写成了“此处严禁不可吐痰”，由此种种类似的笑话，可以看出他们对中国的隔膜，共产党人利用此而欺骗他们，日本人伪装友善而暗中准备进攻他们。二次大战时，不数日，日本即席卷南洋，今日新加坡、马来亚、印尼、北婆罗洲等地共党之所以猖獗，情形亦复如此。当初，英政府倘不受共党利用，不中其借刀杀人之计，我们在南洋鼓吹民族思想，并不见得对英政府有何大害，相反地，殖民政府把我们赶走了，共产主义乃得在此滋长蔓延。

三、回　国

（一）中山先生救我出狱

按照英政府的规定，判决之后不服，必须三月内提出上诉，超过此期限，即照原判执行。我在狱中过了两月，眼看再过一月，即将蒙受驱逐之名，恰当此时，有一位姓罗的留法学生，路过新加坡，闻人谈起我在当地的一番奋斗，视我为爱国分子、文化斗士，回国之后，便告知廖仲恺先生，廖又转告孙中山先生，孙中山先生当邮电英首相麦克唐纳（James Macdonald, 1866—1937）请其转知新加坡总督开释，于是我得提前结束牢狱之灾。

约在民国十三年三月间，我被遣送回国，按照英政府过去的例子，他们把我送到船上，为我订好房间，还关照船长说："此人押解到香港，然后听其自由，选择去处。"当我离开时，一向对我客气非常的监狱员问我要了一张签名照片，留为纪念，我到监狱办公室签了名（意即放弃上诉接受其驱逐），旋即上船。船上白色人少，有色人多。愤慨此次的受辱，我乘机又在船上宣传有色人种被压迫情形，力促有色人种的觉醒，同船者皆深为感动。

(二)回到广州

船到香港又发生了一段小的波折。原来华侨在南洋皆自称为唐人,但唐人被南洋人分为粤、闽、上海三种人。他们的观念中,除了广东、福建去的粤、闽华侨,其他无论是否由上海转口去,皆一律被称为上海人。我是湖南人,当然被列入了上海人。到了香港之后,他们要将我送往上海,但我此时已不愿回上海,原因有二:第一,如到上海,他们一定通知上海英租界,我又将受到种种的限制。第二,闻国民党即在广州开会,我想前往看看,且我已得闻中山先生以电报救援之事了,我当赴广州拜见中山先生,基于这两个理由,所以我想前去广州。对于我的去处,英人并无意见,相反地,却是一位没有国家观念在英政府中工作的中国亡国奴,大表异议。他说:"不行!你是上海人,为什么要到广东去?"我生气地说:"你怎么这般糊涂,你看看地图,我由广东回湖南不是比经由上海近吗?"但是他仍坚不同意。我只得以英文写了一封信向香港华民教育司司长申述我的理由,这一来才准了我前往广州。

约在民国十三年四五月间,我重回到广州。经此四五年的海外奔波,深觉民族解放重于一切。这时我尚非国民党党员,看到它的一股朝气已经倾向着它，不过在我未见到戴季陶先生之前，许多人劝我入党，我都以需要考虑而延缓下来。五月间，戴先生由上海来到广东，我先写信给他，再后与他见了面，他是当时有新知、能写文章的能手，且同认为革命是同情弱者、抵抗强者，所以我深为佩服他。当时我们的谈话对于社会主义思想、三民主义等问题都谈了。他最后说："你要革命，正确的路线只有国民党。"我回答说："在我未对主义有所了解之前，还是让我多加考虑，俾使以后受组织的教育。"他又说："现在黄埔军校已开学了，蒋中正先生为校长，廖仲恺先生为党代表，我担任政治部主任，你是否愿意到政治部来工作？"想当年报请中山先生营救我回国的就是廖仲恺先生，能够有这个机会为他们效劳，我便答应了到黄埔工作。

（三）任职黄埔军校政治部

民国十三年六月十六日，黄埔军校举行开学典礼，我先于五月二十八日便已进入政治部工作。初期的政治部，教官有胡汉民、汪精卫、邵元冲等人。戴季陶任政治部主任不久，便为共产党排挤去职，因为共产党人及俄国顾问都不赞成他主持政治教育的强硬作风。戴先生的去职是由中央党部决定的，那时中央党部名义上是国民党的党部，实际上已被共产党人所把持。

同时国民党为了应付英国的种种威胁，也需要国际援助，故有些地方不得不将就苏俄，这也就是所谓联俄的由来。要联俄就得容共，与容共就得处处迁就，戴季陶即因为联俄容共的政策而离开军校。以后代主任为邵元冲，邵先生虽也反共，但态度较温和，且其锋芒不若戴先生锐利，所以共党不畏惧他，但任期仍不长。这是共产党专门在军校内发展组织，军校的特别党部便由于共产党学生李之龙等的操纵，特别党部的委员都是他们的人当选，共产党控制住特别党部后，便以之与政治部对抗。情形愈来愈凶，邵元冲也只好离开了。这种情形，明眼人一看便知不妙。特别党部半年改组一次，是年改组前夕，教育长王柏龄于晚饭时，对学生说："明天为特别党部改组，各位同志要注意，明天一定要来投票。"弦外之音，在唤起国民党同志的团结，要他们把特别党拿过来，以压制共产党气焰。时白瑜也来到黄埔军校，他问我："你听到教育长的话没有？你要动一动啊！"当天晚上约八点钟，我去见王教育长，请教他有什么方法控制明天的选举，他把管理处的杨处长找了来，我们便一齐商量此事，我说："共产党已经有组织，我们临时组织也来不及，我看工人的票最多，也比较容易控制，我们当先取得工人的票，学生的票则可以尽量活动为之。"于是传令吹紧急集合号，集合全体学生，由教官轮流训话，用以冻结共产党人当晚的活动。另一方面，我们则四出联络。训话至十二点多钟结束，大家皆已筋疲力竭睡觉去了，共产党也已来不及活动。第二天，所有的工人都来投票，共产党人见了大吃一惊，但有口难言，惟内心嫉妒而已。投票结果，共产党员只有二人当选，国民党则有部力子、严重和我等六七人当选，总算把特别党部夺了过来。接着开执行委员会，时蒋先生为执行委员之一，因他的推荐，我又做了常务委员。不过，我们虽然夺得了特别党部，政治部却又被共产党控制了，因为周恩来接着便做了政治部主任。教官如高语罕、熊雄、鲁易等人皆为共产党人，我在政治部无法再待下去，旋调去校长室任秘书。

（以上为第二次访问，一九六三年四月五日）

(四)“孙文主义学会”成立之缘起

共产党在军校中有“青年军人联合会”的组织，国民党同志则有“孙文主义学会”与之对抗，此二团体皆发起于民国十四年。那时共产党已掌握了政治部，国民党则控制住特别党部。共党藉“青年军人联合会”以吸收党员，国民党则以“孙文主义学会”争取同志。

“孙文主义学会”之成立有其历史渊源。民国十四年三月十二日国父逝世后，戴季陶先生即于四月间由上海到广州。他因为看到当时共产党把国父三民主义中的“民生主义就是共产主义”一句话曲解为“共产主义即是三民主义”，混淆视听，认为这是国民党的一大危机，他觉得国共两方的思想与主义该明显区分，为澄清共产党似是而非的说法，他在广州特别标榜孙文主义。因为孙中山先生已经去世了，人死后，思想与人格才是完整无变化的。孙先生的主义，当然可以孙文主义统称。戴先生认为孙文主义的哲学基础完全与共产主义相反，孙文主义以中国固有道德为基础，以仁爱为出发点；相反地，共产主义不具中国固有道德，且以仇恨为出发点，是其根本上之不同，根本不同，主张自然不同。这是“孙文主义学会”成立的由来，戴先生所发表的言论很多，共产党对于他的言论攻击反驳也最用力。

四、从容共到清共

(一) 随军参加第一次东征

民国十四年初,党军第一次东征,今“总统”蒋公为总指挥。其幕僚多为军校同人,我也追随出发。军次虎门,过太平至东莞,再到石龙。见共党一路种种宣传，与我们的主张完全不符。但政治部已被他们把持，我孤掌难鸣，难于与之作对。到石龙后，内心甚为痛苦，只得离开政治部，并请假回广州，再由广州回家小住，计我民国九年离家，至今也已六七年矣!

回家住了两个月，再到广州。是时蒋总指挥已击溃陈炯明部，并肃清其在东江的势力。蒋先生驻在潮汕。我们由广州坐船（山东号）赴汕头迎接。在船上，不期与戴季陶、沈定一两位先生相遇。那时党部人员的生活都很简朴，虽然两位都是中央委员，但因官舱，无有空位，仍欣然住入水手房间，我自己则带着行军床与他们挤在一起。与戴、沈两位先生久别相逢，彼此心中都有很多的话要说。戴先生问我在军校工作的感想，然后关于思想、主义问题，彼此交换意见，相谈甚久，至为愉快。

船到汕头，我告别登岸，他们继续直航上海。到汕头后，得悉蒋总指挥已离开潮汕，回军广州，盖党军到东江后，滇军杨希闵、桂军刘震寰等留驻广州乘机捣乱，蒋总指挥为策后方之安全，不得不及早由东江回师。

当日我下榻汕头旅馆，因患疟疾之故，身体有些发烧。按中国之迷信传说：疟疾乃系魔鬼附身，若发烧时快跑，使魔鬼追赶不上，则能烧退病愈。其实跑步并非逃避魔鬼，不过藉此出汗，以增进血液循环，加强抗力，抑止发病而已。当时我跑到海塘，精神顿觉好转。走在海边见风景甚佳，于是触动文思，作了一篇《往汕头去》，内容大要为在船上与戴先生所谈的国共区别问题。是时我们已准备开始澄清的工作。

（二）戴季陶的坚决反共态度

我将《往汕头去》一文寄往上海给戴季陶先生，商酌他的意见，最先我原本不拟用本名发表，但戴先生更正了那代入的假字，用我的真名发表在上海的民国日报上，这是我正式向共产党开战的第一炮，共党读了这篇文字之后，认为我是大反动者，又诬我是戴的走狗，转以打击戴先生的方法来打击我。但我这时在军校已有基础，我与一批同志控有“孙文主义学会”与军校特别党部，蒋先生也竭力支持我们，在此种情形下，共党对我们也奈何不得。我的文章发表之后不久，戴先生也写了《国民革命与中国国民党》、《孙文主义之哲学基础》二书，这二本书在反共过程中是非常有价值而且是最伟大的著作。书在上海出版后，我们也在广州大量翻印，因为这是反共最好的宣传资料，对于那些思想不清的人也是最好的武器。因为戴先生这两本书的影响，参加“孙文主义学会”的人愈来愈多，相反的“青年军人联合会”却愈来愈消沉，弄得他们在军校几乎一筹莫展。

共党因在思想斗争上吃了败仗，于是铤而走险，进而酝酿中山舰事变。

（三）中山舰事变

中山舰是一条大舰，其政治部主任为李之龙，李为军校之毕业生，曾任军校特别党部第一届常委，第二届落选后，因有俄顾问之支持，得为中山舰政治部主任。李之龙受苏俄之唆使与共党之支持，企图对蒋校长有所不利。事件发生之原由是，蒋先生每日由广州去黄埔，多乘小汽艇，盖水路近便快速之故。而中山舰事前没有命令即升火待发，且一再请示蒋校长何时回广州？蒋先生发现情形异于平时，知道一定别有企图，乃以迅雷不及掩耳之手段扣留李之龙，并夺回中山舰。是即所谓中山舰事变（民国十五年三月二十日）。当时邓演达任军校教育长，名义上虽非共产党，实则为共党工作，与共党里应外合，勾结李之龙，想以事变谋害蒋先生，以遂其党务发展，结果皆归失败。

（四）国民党二全大会

民国十五年一月，中国国民党召开第二次全国代表大会于广州，当时军校有代表六名参加（蒋先生最初也由军校选出，为了使军校能多增席位，改以浙江代表出席），此六位代表犹可记忆者有邵力子、缪斌、杨引之和我（余二位遗忘），我们在大会上发生了相当大的作用。因为二全大会，名义上为国民党，实际全由共党包办操纵。大会秘书长吴玉章，原为国民党老党员，但脑筋糊涂，甘受共党利诱，已站在共党一边。因此除主席团有几个国民党外，上至秘书长，下至会场卫兵，大多是共产党人。就是汪精卫、陈公博也都是左袒共党的，真正反共的如戴季陶、吴稚晖、张溥泉、居正等人反而没有来参加，整个大会完全由共党把持了。

那时共党藉“国共合作”之名为护符，处处破坏国民党，曲解三民主义，暗中发展组织；显然是共党不对，但罪过都加在国民党身上。诬称国民党排挤他们，整个大会中，全是这种论调，陷国民党于不义地位。当中有几位国民党前辈，看到此种不利情形，有心起而矫正，但共党控制会场，或发嘘声、或阻挡发言，像福建籍的许卓然，每次讲话，即被共党“嘘”声轰下，根本无法开口。我们看了这情形，很是痛心，所幸我们还有能讲话、也敢讲的，据理力争，决不向他们低头。但是由于汪精卫、陈公博等投机分子，表面是老国民党骨子，骨子里却袒护共党，所以我们少数几个人变成了孤军奋斗。

有一次，汪精卫发请帖招待军校与第一军代表，希望我们在大会中不要做反共言论，以保持“联俄容共”的友好态度。后来有人告诉我说，此次大会实在是为分配中央委员，汪之请客，大有用意，因为放弃反共便可得中委的荣誉，我听了表示，宁可不做中委也不放弃反共的态度；不能为求个人名位而违背党的利益。

（五）党外合作——国共分手的先声

大会之后，军校有鉴于共党凶焰愈来愈烈，国共混杂不分，有害无利，乃正式建议军校内党人不得有跨党的行为。换而言之，国共的合作，对外仍维持一致，对内则系统明白划分，国民党就是国民党、共产党就是共产党，彼此表明身份，不得含混跨越。此即所谓党外合作的由来，也就是国共分手的先声。

此一措施，极见效用，军校中百分之九十的共党自此失去掩护，无法公开发展。党外合作的办法，由军校而扩及全面。民国十五年四五月间蒋先生、张静江（人杰）等共拟改组方案，切实划分国共党员身份，不许跨党。原由共党把持的中央党部交由国民党党员担任。如此一来，国民党在中央党部始再取得领导权，此为国民党党内的一大改革。以后虽然仍维持“联俄容共”的政策，但不再有内顾之忧，也不受共党的掣肘，得以顺利完成北伐的准备。

共产党在国民党中既无法施展其伎俩，乃转而发展民众团体组织，他们组织农民协会，从乡村着眼，甚为得手。民国十五年我路过湖南时，看见共产党人之深入农村，就感觉情势不妙，引为隐忧。因为国民党虽然拿到了党政权力，但失去了一般民众，共产党控制了民众，无限制地发展，将成为我们的大敌。

（六）日本养病

民国十五年，我由湖南到武汉，不久因神经衰弱，乃赴日养病。在日本与共党也有一段斗争，值得追述。

原来中国国民党设有总支部驻日本东京，以后因斗争关系分裂为二：一为东京青年会，一为东京西巢鸭国民党总支部。青年会为冒牌组织，由共党把持，挂国民党招牌做共党的工作；

西巢鸭总支部乃是真正的国民党机关，因它是反共的，尝被称为西山会议派。此二党部外人皆分辨不清，中央党部在未清党前，由彭泽民掌海外部，彭氏不承认西巢鸭总支部。我到了东京，查看了实情，便写信到中央，要中央承认西巢鸭。当时中央组织部长为蒋先生，秘书为陈果夫，几经往还，最后乃获得中央承认。

民国十六年三四月间，国内实行清党，将党、政、军各方面的共产分子一概清除出党，由党外合作进而为党外不合作，国共正式分裂。清党后，彭泽民离开了海外部，蒋先生来电要我回国，是时我的病虽然未愈（两个口袋都装满了药，我问医生：“像我这样的身体能回国服务吗？”医生回答说：“你自己考虑考虑！像你这样神经衰弱的身体，回国服务，不就等于右手拿补药，左手拿毒药吗。”），我仍按捺不住内心的激动，因为清党是我们一贯的主张，我必须回国亲与其事，日本我再也待不下去了。

（七）我请求回湖南做清党工作

回到南京后，蒋先生曾征求我担任工作的意见。我说：“北伐以后，恶势力消除了，但腐化势力却接踵而来，有云：‘军事北伐、政治南伐’这指的是北洋的官僚政治、贪官污吏的作风侵袭到了南京，这情形很可怕，应该加强主义及思想的宣传工作,我愿意担任这方面的工作。”当时上海新闻报封闭尚未启封。蒋先生要我去接办该报，我因不喜欢上海的浮嚣生活，没有接受。蒋先生又以其他八个工作相询，我亦未表同意。最后我自己请求去湖南省担任清党委员。因为湖南是共产党的发展基地，毛泽东等人皆是湖南出生，要清党便要由湖南着手加强。蒋先生见我如此热心党务，同时又发表我为湖南党部改组委员。不久，宁汉宣布合作，蒋先生便下野。

由中央派到湖南去的清党委员，分两路随军队出发，一路溯长江而上，直到武汉；一路取道海路由广东入湖南，我参加南路由广州随方鼎英赴长沙。方鼎英于民国十五年曾任军校教育长，这时任新编十三军军长，兼前敌总指挥。率有范石生之滇军，黄旭初之桂军，其由广东、广西北进，在策应南京部队之由武汉略取湖南。方军行至湖南郴州，成立湖南省政府，方鼎英自兼主席，我则担任省府委员兼教育厅长。

此一湖南省政府组织，为期甚为短暂，盖不久之后，蒋先生复职，电令方氏停止前进。而湖南唐生智见方军停止不前，以为军心动摇，即下令南进，方军立脚不住，向广东方面撤退。李济琛时据广东。早先李氏曾一度为张发奎驱走，亦不愿方军退入。于是方军陷于两面夹攻状态,进退不得。方部人马本不少，经此意外挫败,部队七零八落，损失惨重。事前我曾对方说:“敌人进迫，宜先稳住阵脚，然后请示中央而取进止。如贸然撤退，他人必以为败绩！而军心动摇，敌人跟踪追击，则愈发不可收拾。”惜方氏不听劝告，终而一蹶不振。

当许克祥、黄旭初、范石生等皆撤至湘粤边界之郴州时，去我家乡汝城已不远，我便顺道回家一游。当时朱德化名王楷，在范石生部下任团长，率军驻于汝城，其团旗大书“农工革命军军长陈 ××”等字，范石生竟糊涂不以为意。

（八）朱德要找我算账

我家离汝城县城尚有二十里路，信件都由镇城的维新读书会负责转交。有一天，在维新读书会，我的一封信给朱德看到了，朱德甚表惊异地说：“咦！这个大反动分子就是你们汝城人啊！”即追问办事人：“他住在什么地方？”办事人知事不妙，答称：“不晓得！可能在几十里路很远的地方。”朱接着说：“哈！我要同他算账。他回来了吗？”答：“不晓得！”办事人知道朱德来意不善，赶紧派人送信到我家，我听了这消息，并没什么害怕的感觉，因为我们的村庄很大，要抓我也不容易。但是家人因民国十五年家乡闹过农民协会杀人放火，余悸犹在，因此力劝我暂时躲避。这时舍弟亦刚从广西回来，患着疟疾，乃扶着他以及两位堂兄弟一直往后山森林跑去。跑至半途即闻枪声大作，回观又见火光能熊，以为共军捕人不得，又焚烧房屋了。当晚，我们即藏身于树林中。离家时忘记携带食物，黄昏后肚中又饥又饿，只得找寻梧桐子充饥，舍弟因胃口不佳，带了一包酸梅，可是愈吃愈饿。饥虑交迫非常难受，一夜没有进食，好不容易捱到天亮，清晨家里二位长工送饭来，我们连忙询问：“家里房子烧掉了吗？”“没有这回事！”“那枪炮声与火光呢？”“那是邻村打醮放鞭炮，火光是烧的钱纸。”这样才放下了心。我们只是饱受一场虚惊。

（九）共产党为何不能在湖南生根

后来范石生回师广东韶关，朱德脱离范部再度来到汝城，湖南为了地方自卫，发动民团组织，挨户组成自卫队，公推一姓何者指挥，于热水地方大败朱部。朱德受伤为一兵士所俘。但朱以望远镜为饵，乘机脱身。以后乃逃到井冈山，被江西地方组织进剿不支，又回到湖南，到处杀人放火。湖南各县为预防共党之骚扰，组成民团统率处，推我为处长。共党在湖南无法立足，乃又窜回江西。

为什么共党在湖南不能生根？

（一）湖南社会基础比较巩固，尤其湖南各县，与广东比邻，都是聚族而居，有自治自卫力量。江西则没有这种地方力量。

（二）湖南民性较强悍，江西人则较温和，抵抗共党力量亦较薄弱。

（三）湖南社会以中产阶级为领导中心，是十足的农村社会。湖南土地并不集中，除滨湖一带有大地主外，其余各县都是自耕农户，没有共党所谓的大地主，以我们家乡而言，普通能收租三五百担的人家即属富有者。但家乡制度，父亲的产业均于子女成长时均分，如一家四子，即分成五份，除四个兄弟各得一份，父亲保留一份，作为祭产，如此代代分产，土地只有愈分愈少，绝无大地主之形成。中国的农村社会，本无俄国的农奴制度，农村中机会均等，自由竞争，勤奋者可以由赤贫而变成有产。反之，如果子孙不肯，沃田千顷也会变成赤贫。因此，富贵贫贱经常在变迁中，数千年来，并无固定的阶级存在。这一点为共产党与我们观点上的大出入，苏俄有农奴，需用革命方法达到改善的目的。中国则不需此激烈手段。此外，湖南人性格有骡子精神，易走极端。毛泽东、刘少奇、彭德怀等，皆是湖南人。然而共党却不能在湖南立足生根。

（十）任湖南感化院院长

民国十七年，我离开家乡至广州见戴季陶先生，这时他是中山大学校长，我们久未晤面，这次畅谈甚欢，彼此为清党事而甚觉欣慰。以后我又到南京，续至徐州谒见蒋先生，时蒋先生正在徐州督战，他问我在湖南工作的情形，我对他说，湖南的工作很有意义，我还想回到湖南去，蒋先生于是打电报给国民政府主席谭延闿，那时湖南省政府刚改组，由鲁涤平任主席，乃发表我为湖南感化院院长。

当时湖南设有惩共法院与感化院，凡共党之罪大恶极、不可救药者，便送入惩共法院。倘系误入歧途，尚有挽救可能者，则由感化院负责感化。我任感化院院长并兼省党部委员，一面办党务，一面办感化院。此外，各县设有感化分院，由省立感化院督导，感化院先后收容训练之学生达数千人。

我亲身主持感化院的时间为时不过半年，可是挂名却达二三年之久。因为那时湖南有政治军事之派系斗争，鲁涤平为唐生智部下何键所逐，何键接掌省政后，我便提出辞职他去。感化院院长本由省府与省党部共同委命，省府批准我辞职，省党部却不准。以后省党部推荐的人，省府亦不同意，因此后任院长迁延一二年始终无法派出，我的名字也一直就这样挂着。

感化院内部设有总务、管理、训导、编纂、审查五科，院长下设有秘书二位，其中有一位与我同姓，叫袁振璜，湖南衡山人，学法律出身，曾任地方法院院长，人很正派。在我离开之后，由他代理院长，在其代理期间，有一姓邬的学生，是袁代院长老师的孙子，思想左倾，袁代院长以世交关系，接受学生家长的请求，纳邬生于感化院受训，期满后开释，邬生全家感激非常。然民国十九年，彭德怀攻进长沙，袁代院长于共党到来之后，躲入邬家冀求保护。不久邬生归来，伊祖母向他说："袁伯伯以前救过你，现在你要救他。"他回答说："我办不到，公事公办！”这时藏在板壁中的袁代院长一听不妙，赶紧溜走，后逃至一煤炭行，打扮成工人模样，不料邬生跟踪而来，翌日即报告共党擒去，袁坚决否认自己是院长，正在争论不决时，邬生出而作证说：“袁伯伯你还说什么呢？你明明是袁院长嘛？！”袁遂被杀。

袁代院长被杀一年多之后，跟着发生另一个笑话。有一次在朋友家中，我与李宗仁的亲信王公度碰面，他好像不认识我似的，我朋友对他说：“这是袁同畴先生，你不认识吗？”他很表惊讶地说：“袁同畴不是在长沙遇难了吗？”原来他以为遇害的袁代院长就是我，这回与我见面还以为碰见了鬼呢！以致不敢招呼。

（以上为第三次访问，一九六三年四月十二日）

五、国共斗争过程中的见闻

前面所说的是我自己直接参加与共党思想行动斗争的经过。民国十八年，自我辞去感化院长离开湖南之后，这种直接斗争便可以说结束了。今天所谈的是我以后亲眼所见或亲耳得闻有关国共斗争的若干遗事。这个题目又可以分成三个时期来讲：

（一）江西“剿共”时期

1. 共党最后窜扰我的家乡

朱德、毛泽东在江西时期终归失败，因政府以围剿方法，将其在江西最后的据点——瑞金，予以打破，致无法在江西立足。

“共匪”万八千里长征逃去西北，窜至湘粤交界处时，仍不忘记前往我的家乡骚扰。袁家是汝城的大族，就因为我们聚族而居，共党想打听我家却不容易。我们家乡有一规矩，遇有生人来访，任何人不轻易直告被访者的住处，为的是减少许多无谓的麻烦。共党最初找不到我家，最后强迫乡民，探查出来，我们的家园是祖先留下来的，虽不破烂，但也不富丽，我在外服务，未尝送过一钱回家，也没有在家乡盖过一瓦一砖。共党看到我们的旧房子，不相信就是我的家。在他们的印象中，以为国民党的人都是贪官污吏，都应住高楼大厦，其实国民党中的好人仍不少呢！共产党乃在村中找到一首富人家，把他们的房子当作我的家烧掉了。最后来到我家，当时我和父母都不在，他们抓住了我的二家兄，因为二家兄有个儿子在南京读书，被共党视为财主。但此时共党被国军追迫甚急，又在中途将我二家兄丢了。

2. 谈谈打打政策的初次应用

民国二十三、四年之交，我在南京看到报上有一则显著的故事，周恩来竟然宣布脱离中国共产党了。我觉得这一则启事好笑，我知道这是共产党要的花样，故意摆出姿态以便和国民党打交道。

那时全国因日本帝国主义的侵略而人心愤慨。共党乘机以爱国救国做幌子，攻击国民党不抗日不救国。青年学生不知受愚，都被共党利用。上海爱国团体纷纷出现，近百岁的老人马相伯亦被利用组成人民救国会。可能此时共党已想到，杀人放火的手段已经失败，军事上的斗争不是国民党的对手，乃转而利用抗日口号，做最利己的号召。共党与学术界开始接触，一方面逼迫学术团体主张国共合作，共同抗日；一方面藉与政府和谈机会积极准备。共产党的谈打政策，在这时已经出现了。

因为他们在西北尚未站稳脚步，不得不用和谈为战争的准备（战争为和谈的目的）。他们策动学术团体呼吁政府停止“剿共”，高呼共同抗日。共产党的政策完全成功了，所以以后的“谈谈打打”、“打打谈谈”，巧为应用，极为得手，岂知打是共产党的目的，谈只是他们的手段而已。现在美国人想与苏俄和平共存，这是一种天真的幻想，俄共不同样在应用此一谈打政策？将来有一天美国人要上当的。

（二）抗战时期

抗战前夕，我与戴季陶先生到庐山，那时戴先生任考试院院长，赴庐山演讲，我是考试院参事，同行尚有陈大齐（考选委员会委员长）、丁文渊（考试院参事丁文江之弟）、陈伯稼（考试院秘书）三人，七月六日我们到了庐山，第二天，卢沟桥事变便爆发了。记得在此之前，蒋先生便发表一篇著名的文告，内有“和平未到绝望时期，绝不放弃和平，牺牲未到最后关头，绝不轻言牺牲。”之语。七七事变的第二天，蒋委员长即在庐山表示：“卢沟桥事变即是我所说的最后开头。”这是我亲耳听到的话。

这时中共秉承苏俄的指示，趁我们与日本艰苦抗战，大肆发展。假使没有中日战争，共党绝难在中国生存，史达林的厉害在此。他殷切地盼望中日战争早日爆发，俾使他的敌人日本、中国互相残杀，坐收渔人之利。史达林知道独力难对中日，所以极力挑拨，引发战争，可惜日本始终不了解这一点。

在中日战争未起之前，蒋先生曾有一篇文章叫《敌乎？友乎？中日问题之先检讨》这篇文章名义上为徐道邻发表，实际是蒋先生的意思，因徐道邻为徐树铮之子，以其非国民党且以在野身份发表较适宜。文章内容主要提醒日本，不要自恃武力强大，一再逼迫中国，中国被逼无法，只有抗战。中国不抗战而已，一抗战即是全面；中国不打则已，一打即是长期。日本因中日甲午之役，轻易获得战果，食髓知味，以为现在的中国仍像以前一样不堪一击。日人读此文，甚能领略其意，并能看出战争的恶果，而日本军阀不顾一切，虽有明此的提示，仍然一意孤行，发动战争，当时日本军人左右政治，战争一起便已无法收拾。中国不得已，也只有应战。

战争起来之后，共党便以与国民党政府合作的姿态出现，周恩来、毛泽东等也表现得格外的恭顺，当时他们曾发表三点声明：①拥护政府政策②放弃斗争③接受三民主义。这是共党接受政府主张，国共联合抗日的开始。关于这一时期又可分为三阶段来说：

1.抗战初期，共党公开活动——抗战开始，共党表示合作，愿联合抗日，其目的不过是想争取公开活动机会而已。中央方面，周恩来插进来做了政治部副部长、郭沫若做了第三厅厅长，他们之所以要进入政治部，为的是专搞他们的宣传工作。地方上共党在各省的活动非常厉害，抗战第一年，我由南京撤退至湖南，住了一个多月，当地情形已因共党渗透恶化。当时张治中任湖南省主席。此一投机军人本无中心思想，脑子里唯名与利，完全是升官发财的一套做法，所以他对于共党是视若无睹，不闻不问的。那时一些老共党员都纷纷回到湖南，像徐特立（五十多岁才留法，在法加入共产党）以老教员身份，大肆宣传，争取青年学生到西北入抗日大学。他们说抗日大学专门研究抗日的办法，在那儿读书，不仅免费，还供食宿。许多青年都像着了迷似的，纷纷前往延安，其实到了西北，哪有什么大学呢，不过天天听讲马列主义而已。各省大批的青年前去，六个月毕业之后，又派到各省担任基层工作，继续鼓吹，不断制造，共党就这样很快地繁殖起来，八年抗战下来，无处不有共党分子，乃至各种学术教育团体，亦无不为其渗透。当他们站住了脚步之后我们的抗日游击队也受他们牵制了。总之，抗日初期确是共党假借联合抗日、公开活动、争取青年、扩大组织、发展基层工作的最佳时机。

2. 抗战中期，共党武装加强宣传——共党因为基层组织有了力量，进入抗战中期之后，乃进一步加以武装化，武力渐渐发展强大。同时他们又从事国际宣传，争取到了同情。共党藉抗日名义向中央取得军械，基层纷纷武装起来，数年之间，西北及敌后，均有共党武力的散布。同时他们加强宣传政策，对外争取友邦的信赖，利用太平洋学会，造成美国人的错觉。以致使美国人相信他们是土地改革者。并不与俄共相同，美国人更认为苏俄是苏俄，并不支持中共。这样的宣传，不仅国际上不害怕他们，甚而还妄想与他们做朋友。

共党同时又宣传国民党不民主，真正民主的是他们，这一宣传收效很大，也骗住了美国人。于是史迪威极力主张援共与援国民党不分彼此，把共党正式武装起来。这一来，共党不仅在国内力量大肆扩张，在国外也得到了合法的地位与援助。

3. 抗战后期及战后，以武力劫夺政权及国际统战宣传——共党力量长大，在国内则以武装暴动，以大吃小，争取地方控制；在国际上则实行统战，大肆宣传。共党在国内外遍布宣传间谍机构，或利用左倾社团及同路人为其宣传，数年之间，情况大改。国内的自不用多说，仅举共党在美国所制造的空气，说国民党贪污、无能、腐化，已足以为政府的致命伤。美国人最初对我们的政府怀疑，进而信以为真，美援日渐减少造成政府的不利形势。直至以后马歇尔来华调解失败，美国人发表白皮书，美援便告中断，是为共产党宣传的最大成就。大局终至糜烂。

4. 批判邵力子。

共党最狠毒的手段，莫过于煽动学生。抗战时期，政府为救济流亡学生，供给衣食，并纳入大学就读，岂料却收到相反的效果，本来国家对学生并没有发放钱粮供养他们的义务。必要时亦不过救济一些贫苦的学生而已。但是这种救济竟被学生视为当然，没有得到救济反惊为例外。这都是共党煽动的结果。共党鼓动学生说："你们吃也吃不饱，还要受迫害，为什么不起来反抗呢？"于是"反迫害、反饥饿"的口号从纯洁无知的青年学生口中发出来了，他们不知道国家的困难，平常已难满现实，何况背后还有共党煽动！回想战后政府对青年学生救济之余所得到的反效果，不胜疾首痛心！

抗战期间的国民参政会，当中也有几个共党参政员，他们在会中极尽挑拨之能事，再加上“民主同盟”摇旗呐喊，参政会也变成了政府的癌。那时因为大家都以为邵力子人好，对各党各派有认识，所以请他为参政会秘书长，藉以调和容纳。讲到这里我很觉痛苦，因为邵先生是我的老师，而且是很爱护我的前辈。他为什么倾向共党，我至今依然不得其解。在军校时，我们同住一房间。他明知我反共，却不害我，邵先生就有此好风度，好涵养。他在国民参政会期间，我也在重庆，我们虽然彼此主张不同，但私交还是很好。邵先生虽为人如此之好，但有两点不能谈，哪两点呢？一是国共问题。一是中苏问题。为什么？因为邵先生虽是国民党党员，但一谈到国共问题，便忘记了自己的身份了，邵先生是中国人，但一谈中苏问题，便忘记自己是中国人了，真是妙人一个。

邵先生的思想为什么如此不可思议？有说受其太太傅学文的影响，但我认为绝对不是，因为他们的结婚是在民国十八、九年间，而邵先生袒共的思想早在黄埔时就有了，可谓由来已久。

因为邵先生在国民参政会所做的工作是袒护共党的，如此一来，民意机关便被共党利用。学生与社会团体亦为共党所操纵，请想想，在友邦被共党所欺骗，军需财政遭受共党破坏，军队因受各种影响而士气低落的情况下，我们焉得不失败，而遭到人类悲惨的结局。共产党的统战阴谋成功了，我们的大陆也沦陷了。

（三）徐蚌会战与大陆撤退

共党统战的大成功，使我们在政治、经济、军事、外交各方面蒙受极大的不利。那时南京内部动荡不安。与共党的军事冲突，我们也节节失利，而美国又受骗，停止对我们的援助。三十八年一月，我那时还在国防部，一月二十一日那天，台湾省主席陈诚由台湾飞抵南京，我去机场接他，不知蒋总统也正要由南京飞杭州。当时党政要人纷至机场，但气氛严肃，人人心情沉重，面有忧色，如临大事一般，因为那时正是徐蚌会战失利，局势恶化之际。在大家这样沉痛的场合里，却见机场客厅内，张治中、邵力子、李宗仁三人悠闲对弈！张治中是蒋先生一手提拔的，日后忘恩负义，殊堪痛心。在当时竟连表面假装亦不情愿，可见其居心久矣。李宗仁何以有此雅兴？是否因为总统下野，自己可真正的做个代总统呢！看到这一幕，实在无限痛心！

以上所谈的是“剿共”、抗战、徐蚌会战与大陆撤退三个时期的所见所闻。我觉得共党采信唯物史观，根本即是消灭人性。现在友邦尚以为可与共党做朋友，打交道，实是非常危险的想法。但是在他们尚未受到痛苦的经验时，我们的提示，似乎是不为他们重视的。

（四）对当前教育政策的感想

由大陆救济流亡学生所造成的悲惨，使我联想到今日台湾的教育问题。最近“立法院”常质询教育当局，初中入学免试常识的政策。“立法委员”有两派主张：一派认为要维持国民知识水准，势必常识及格才准毕业，因为常识是国民应具备的知识。如果看轻它，无异降低国民知识水准。另一派不主张试常识，他们认为学生课业负担太重，不应再试常识，否则无异摧残学童健康。我认为这两派的议论皆未能把握到问题的重心。今天大家在讨论如何消除恶性补习。但先要问为什么会有恶性补习？他们认为恶补来自常识，换言之，因为常识分数不够，所以要恶补；如果免试常识，恶补即自然清除。其实问题的症结并非恶补常识，而是学生人人想考取公立学校。我们要问为什么公立学校成为大家升学的目标？这是因为公立学校有三点与私立学校不同之处：①公立学校设备好②费用省③师资好。大家为了节省子女们的教育费，而又要子女们受到良好的教育，都希望子女能考取公立学校。假使公私立学校费用相等、师资设备也一样，那么何须如此竞争呢？所以解决恶性补习，只有公立学校与私立学校的收费相同，私立学校的师资与设备向公立学校看齐。对于贫寒优秀学生则另设奖学金造就之，这样一来，恶补自然消灭。

国家需要推行普遍的国民教育，但升学则非人人所必须。我们不必把每个人都赶进大学，国家也不需要负担庞大的教育经费。家境好的，更可以自己出钱读书。如果将今天的这笔公立学校增益的收费，做为改良教师待遇，充实设备之用，问题均可迎刃而解，我不知道教育当局是否能深入体察这个问题。

关于免费教育问题，早年在湖北时，我就曾与今“副总统”陈诚争论过（民国二十八年，陈先生任第六战区司令长官兼湖北省主席，我是第六战区战地党政委员会秘书长）。陈先生的父亲是读书人，家里没有多少钱，所以陈先生初时虽不愿进师范，但因为师范可以免费不花钱，所以还是念了师范。因此他有一个想法，假使所有的学校都是免费，他以前就不必进师范了。所以他向来主张免费教育。我就因此事与他争论说：“你一定要学校免费，这有什么必要？有钱的人你偏不叫他出钱，不能读书的人，你硬要他读书，实在无此必要。”湖北省的教育经费向来是占预算第一位，有一次，我以此事恭维一湖北朋友说：“你们湖北不错啊！教育经费第一。”这位朋友回答说：“我不承认，所谓教育经费不过是一笔救济预算而已，根本与教育不相干。”他这话的意思是告诉我们教育经费都给吃掉了，与教育是没有关系的。所以，庞大的教育经费永远是国家的大包袱，而考不取学校的学生，还要永远咒骂国家，如此，既害国家，又害青年。教育是国家的根本大问题，非从长计议不可。现在说话的人倒很多，但是头脑清楚的人似不多。

（以上为第四次访问，一九六三年五月十日）

附　录

一、我的家在海的那一边

《我的家在山的那一边》这是一首爱国歌曲，以前很流行，听起来大有荡气回肠之效，近来很少有人唱，但我很怀念它，而且要响应它，不过要改一个字，就是我的家在“海”的那一边——湖南省汝城县。

（一）家里出来不看五岳

汝城县地方很小，而且很偏僻，要是没有人指点，在地图上也很难找到，它是在湖南省的东南角，和粤、赣两省做紧邻，位于五岭山脉大庾骑田之间，崇山峻岭，绵亘四境，中间却是一片纵横一百余里的平原，土地肥沃，气候温和，夏不挥扇，冬不着裘，确是一个好住处。每年只种稻一次，因产量高，除足供全县十几万居民食用外，还可外销换些油盐布匹，洋广杂货回来。我记得那里种的稻子特别高大，人下田去，往往看不见头，稻穗也特别长，足有一尺多，品质又好，制成的米粉，畅销粤、桂两省，号称桂阳粉，（因汝城原名桂阳县，民国始改今名）其他农产除以竹木为大宗外，还有很多家畜肉类出口。所制板鸭风味奇佳，大量销往广东，或再加工装罐输出国外，所以人民的生活，如无天灾人祸，过得相当乐利。境内惟一的缺点，就是不通舟车，往来全靠步行，或乘马坐轿，要出了县境，才有舟车可坐。外来的客商，要穿越几座大山，累得满头大汗，气喘呼呼。一到县内，豁然开朗，真像渔翁发现了桃花源一样，所以有人说，桂林山水甲天下，汝城山水甲湖南，此虽有些过誉，但也不是全无理由。我有时说，人家五岳归来不看山，而我则是家里出来不看五岳，也就是这个原因。

（二）三等县头等缺

汝城是一个三等县，但是一个头等缺，百里侯中多知此中滋味，第一赋税充足，汝城有田赋征银一万两，这里所说的征银是田赋的计算单位。在清末民初时期，一两征银就要缴正供大洋二元四角，如有附加，也要照样申算，一年田赋一项的收入，少则数万，多则数十万，县长提成，不是大有可观吗？不像湘西那些只有征银二一两的小县，全靠省库补助过活，所以不可同日而语。第二民风古朴，刁民甚少，正绅又不大问事，好县长几乎可以卧治，坐享清福，至于想来贪污的县太爷，有的是土劣帮忙，包管称心满意，甚至喜出望外。有一次一位税契委员来县，土劣趋前奉承，问他想征税多少。这委员说，他到资兴县，想征六千大洋，争了很久，只得到三千，贵县征五千好吗？土劣连忙说，不行，不行。委员说：太多了吗？土劣说，不是呀！太少了呀！委员再说一万如何？土劣还是说太少，最后委员狮子大开口，要三万，土劣假装讨价还价，以二万了事，委员满载而归，并蒙上峰嘉奖，县长坐享其成，土劣满身油水，还说力争减税，帮了老百姓的大忙，真是天晓得呀！第三边远之区，天高皇帝远，县长大权在握，可以为所欲为，好官上任，固可一展宏才，造福地方，贪官到此，便和土劣勾结，假公济私，剥削人民，或竟开放烟赌，牟取暴利。抗战前后，中枢要肃清烟毒，通都大邑都严禁运销，云贵烟土就由湖南洪江入口，运至汝城转口外销，大批黑货络绎于途，商贾云集，山城顿成闹市，土劣固然大发其财，县长当更塞满私囊。卸任之日，地方人士还要鸣炮欢送，歌功颂德，名利双收，这不是十足的头等缺吗？

（三）也是圣域与贤关

汝城开化甚早，在东晋时即设县治，陈改为卢阳，宋称桂阳，相沿至清，为湖南省郴州所属六县之一，湖南另有一个桂阳州，民国废州，将桂阳州改为桂阳县，而将桂阳县改为汝城县。历代所出或来此而成大名的人物很多，例如宋朝大儒，理学泰斗周敦颐（濂溪）先生即曾任郴之桂阳令，因治绩特著，而政简刑清，完成他的学术思想也正在此时，史称思孟而后，他独得圣贤不传之学，二程从游于前，关闽继起于后，递嬗发扬，蔚成儒家正统，而为我国文教主流，故汝城虽小，也是圣域与贤关。有人说宋儒程颢的《春日偶成》一诗，即在汝城所做，我倒不以为然，因为程颢、程颐兄弟之受业周门，均在少年时期，亦或到过汝城，诗中“云淡风轻近午天，傍花随柳过前川”二句或与当时汝城景物相似,但后二句“时人不识余心乐，将谓偷闲学少年”显系晚年口气，怎么还会在汝城呢？宋史称周濂溪不但学究天人，笔参造化，而且精于治理，所至都有惠政，初任分宁主簿；有狱久不能决，周至一讯立辨，邑人惊曰，老吏不如也。后调南安军司理参军，有囚法不当死，转运使王达欲深治之，众莫敢争，周独与辩，不听乃委手版归，将弃官去，曰“如此尚可仕乎，杀人以媚人吾不为也。”达悟，囚亦得免。风骨严正如此，世多奉为圭臬，吾县尤多耿介之士，实亦渊源于此。迨至明朝朱英，尤为吾县杰出人物，朱英字时杰，吾邑西乡外沙村人，少孤力学，皋正统十年进士，历官内外要职，回家省母，囊中只有赐金十两，其廉隅自守如此。积功累迁左都御史，巡抚甘肃，总督两广，莫不以正色立朝，除暴安良为己任，其在甘肃任内，积余军储三十万两，在两广任内积余四十万两，皆封存公库，以遗后任，分文不取，或问何不上报，答曰“此边臣份内事耳，何上报为！”高怀雅量史所仅见。子守孚亦登进士第，世代簪缨，一门鼎盛。外沙村现有人口数千，都是他的后裔，他墓前排列许多石像，都是以前旌忠御赐之物。县城内有恭简祠，（他死后谥恭简）也是纪念他的庙堂。我少时常和同学来此玩要，可惜当时还不知他是我们鼎鼎大名的老前辈呀！至于周濂溪的遗迹，县里也有几处，第一是钓鱼台，是周濂溪钓鱼之处，有悬崖伸入河中，上有平台可坐，据说早年河水很深，周公清暇之时即来此钓鱼，现因上游山林砍伐殆尽，泥沙淤积，已变成一条小溪，再无鱼可钓了。第二是濂溪书院，建于县城外西南，背山面河，距钓鱼台甚近，全以青砖筑成，屋宇宽敞，环境清幽，是纪念周濂溪的学府。民国初年改称濂溪高等小学校，我就是在这里读书的。此外，还有一个周夫子庙，也是在城外西南，内塑周像，科举时代，春秋两季士人都来参拜，香火旺盛。民国而后，年久失修，日渐倾塌，现已夷为平地了，乡人浅见，言之痛心。吾县文物以宋明两代为最盛，清朝以异族入主中原，守道之士，多隐居不出，即或被迫应试，亦于登第后株守家园，所以清朝两百多年，吾县只出了几位文武官员，也无特殊之处。在学界方面倒有两位常为邑人谈论的人物，一位是郭远先生，他是以要求湖南、湖北分闱出名。原来湖南、湖北以前是一省，称为湖广，举子秋试是在武昌举行，清初虽已分湖南湖北为两省，但秋试还是在武昌，湘人赶考，要渡过洞庭湖，往往为风雨所阻，而误考期。郭远很有文名，赴试不能赶到，时论惋惜，就联名上书，请求分闱，奉准把湖广的举人名额，分给两省，而湖南秋试（即乡试）就在长沙举行了。郭先生嘉惠后学，士林故多乐道。还有一位是闲翰林何庆元先生，此公人很聪明，但不通世故，他少时祖父起了一座大门楼，问他要题几个什么字在上面最好，他脱口而出“一览众山小”。祖父见其口气，惊为奇才，那时家境也好，就请了一位名师，督他课读，足不出户好几年，经史读得烂熟，应试文章也做得圈点连连，于是一帆风顺，由入学，中举，会进士，而点翰林了。在科举时代，翰林是士子的最高荣誉，世称天子门生，我们郴州六城只出了他一位翰林，更是凤毛麟角。他于得意之余，回籍祭祖，随从竟私带鸦片，路过城陵矶，税吏派人上船检查，竟被拒绝，税吏亲来参谒，他也跷腿而坐，慢不为礼，税吏注视良久，便调侃他说：“大人的靴子好。”他即答道：“靴子不好，底子好。”意即指翰林底子，远非捐班出身的税吏可比，税吏愤极，层报到京，奉旨开革拿办，从此报废不出，而成为闲翰林了。他因不通世故，闹过很多笑话。有一妇人请他代写一张借约，他问妇人为什么要借钱，妇人唠唠叨叨说了一大堆，他也拿着笔写了一大篇，妇人说人家的借约只有短短的几个字，怎么先生写了这么多呢？他说有这怪事吗，你快去借一张给我看看。妇人借来一张借约，果然只有“某某因无银使用，今向某某借银 × × 两，约定年息三分，一年归还，恐口无凭，特立此借约为证。”几句，他大为赞赏，叹为好文章，连圈带点把人家的借约圈坏了，弄得妇人啼笑皆非。他晚年集资在县城附近建了一座七层高塔，全用特制的青砖砌成，坚固美观。吾县城墙也是用人工凿平的大石块砌成，高大整齐，与耒阳县城并称全省之冠，每当太阳斜照，塔影倒挂城上，就像征笔砚相联，天开文运，并有纪念圣域贤关之意。民国十五年北伐，我路过家乡，把藏书储存塔下，以供邑人阅读，大陆“陷匪”，山河变色，存书早已故失，恐怕连这塔与城也没有了！

（四）安和乐利的家族制度

我土生土长的家是在汝城县南乡古塘村，距县城二十余里，我的始迁祖万章公，原住县城南门外袁家，因地势窄狭，不够发展，他老人家就搬来这里。初来时只他一家，现已有几百家了，都是他的子孙，全村没有外姓。村子四周都是水淼淼的良田，而且都是祖产，几乎没有私人的田地（私人的田产都在数里之外），但是全村人人都有耕种的机会，可说是耕者有其田的最好榜样，与共产党的人民公社大异其趣。我们的祖先创下一个族规，凡有田产的人，死后就要提出一部分做为祖产，其余则平均分给儿子，儿子死了，又照样提出一部分做为祖产，其余的分给儿子的儿子，代代如此，所以全部都变成祖产了。祖产又分为两种，一种是祭田，由同祖子孙轮流耕种，今年你耕这里，我耕那里，明年又换过来，你耕那里，我耕这里，耕祭田的人只要拿出收成的十分之一二，以供祭品之用，其余全归己有，不负担任何捐税，所以非常实惠。一种是标田，每年春季，由同租子孙用投标方式来分配耕种，以愿出租谷多者得标，也不过是全部产量十分之三四，比租私人的田耕种还是便宜得多，所以只要你有能力，肯耕种，就不怕无田可耕。我们村子里有很多人家，一亩半亩的田都没有，可是一年也有一两百担谷子进仓，自然是衣食无忧了。至于租产每年有这许多收入，又做何开支呢？

第一是田赋，田赋是国家法定的税收，俗称钱粮，吾村有八百多两征银（征银说明见前），几占全县十分之一，原本散户很多，都要进城缴赋，乡下人忠厚老实，常被税吏欺凌，后来请准将本村散户拼成两个户名，一个叫乐输册，一个叫乐兴册，分别各设钱粮会，统收统缴，政府既得提纲挈领，征赋简易之便，村人也省去很多麻烦，钱粮会责重事繁，由各房推举公正人士出任管事，但全系尽义务，每年只有祭祖时加发胙肉四斤，以示酬劳信。（大家兄因体弱多病，又有先父遗产养活，一生闲居在家，被推管事最久，他有先祖遗风，对公事非常认真，而对钱财分文不苟。我记得有一次他拿着四斤猪肉回家，对母亲说："这是儿子惟一赚的钱呀！"可笑可敬！）田赋征收分上下二忙，每每催征迫促，过期加息，钱粮会就垫款先缴，慢慢向散户收回，滞纳利息列入公积，再则缴田赋每户都要票费，本村只缴票费两户，散户的票费也收为钱粮会的公积，所以越积越多，调节农村经济，公私两受其益。第二是祭祖，吾村祭祖，极其隆重，从始祖以至我的高祖，都要到两堂用猪羊大祭，曾祖以下才是家祭，祭后都要饮酒散胙，并按人口分胙肉给同租子孙。每年有春秋及过年三次祭典，家家户户分得的肉很多，吃不完，就做成腊肉，所以有些人家一年到头，都不买肉，但不愁没有肉吃；真是其乐也融融。第三是积谷，积谷防饥是我国古训，吾村有积谷会，也是由各房推举的公正人士来管理，每年改选一次，谷贱之时，收购粮食储藏，每年青黄不接的时候，就贷放给缺粮的人家，秋收归还，严订不得拖欠，到期不还，就扣他祭祖散胙等权利，再不足，就扣他近房的，以至扣清为止。至于利息只要十分之二一，较之一般谷利五分轻得多了。如遇荒年或特别丰收，则免息贷放，以示体贴或求旧谷换新，所以积谷越积越多，永无亏损，调节粮食供需，也有相当功效。第四是兴学，吾村有小学二所，高小一所，经费全由租产拨付，学生虽收学费，但历代祖产对于学生都有津贴，全部收来，比缴学费还多，所以全村儿童没有不读书的。从前科举时代有灯油补助士子上进，民国以来，就把这笔钱资助青年外出升学，吾村在外求学的人比较多，这也是原因之一。吾村有一个学董会，也是由各房推人组成，每年要公布收支账目，以昭大信。第五是防卫，湘粤赣边区，素为三不管地带，土匪出没无常，本村距县城又远，患急难望官军营救，不得已自组防卫力量，购置长枪数十枝，以资防守。我记得辛亥革命时，因政权更迭，土匪乘机肆虐，邻村都被劫掠，而吾村幸免于难，即因有自卫力量之故。只是民国十一年有一股败兵过境，聚众数百，带有机枪大炮，勒令吾村所谓十三户殷实之家（吾家也在其内）筹缴饷银数万元，全村无论贫富，团结抵抗，激战终日，傍晚攻入村内，幸妇孺老弱，已先撤离，仅掳去管事数人，结果以勒索五千元了事。还有一次，就是“共匪”所谓二万五千里长征，大批经过本村，我在外未归，“共匪”遍寻我家，后来找到了，又不相信，因为我家住的是老房子，我虽服公务多年，但在家乡没有添盖片瓦，吾村首富的房子则很宽敞漂亮，“共匪”硬说是我的房子，一把火给它烧了，真是冤枉之至。民国三十八年大陆“沦陷”，吾村还有很多青年，不屈不挠，和“匪”周旋了好几年，终因弹尽援绝，而壮烈成仁了，我们袁家累世不乏忠义之士，真是卧雪家风呀！第六是公益与娱乐。本村后山是一座高大茂密的森林，终年绿油油的，宛如翡翠屏风，这是我们饮水用水的泉源之地，故称水源山，由山会管理，日夜有人巡逻，以防盗伐树木。村内有水井多口，泉水滚滚而来，往往溢出地面，由水沟而注入村前各大池塘，本村名为古塘，或即因此，另有一条小圳，引上游河水来灌溉农田，天旱时由水会编列水牌，轮流灌溉，以免争执。至于修桥筑路及设市修谱等公益事项，则临时推人负责，各皆安贴。关于娱乐方面，除一般的迎神赛会打醮唱戏（本村向来不唱花鼓戏，只请祁阳班来唱大戏，剧本与平剧无异，而唱腔更好，只是行头陈旧而已。）和过年时的舞龙舞狮，烟火花炮而外，还有一种最特别，最出色，规模最大，景色最美的民众艺术表演，就是香火龙灯。春节休闲期间，村人各显身手，以做龙灯消遣，做法先把稻草和柔竹扎成一至三寸口径大小不一的长条，再用长条分别扎成龙头龙尾以及龙身各段，然后把它连接起来，成为一条草龙，约有二十来丈长，再把订制而粘上硫磺头的龙香，一枝一枝，精细排列的插上龙身，同时编成各种花纹，再用有硫磺的引线，从头至尾连贯起来，做好了，就置于广场或河边，于元宵过后，择一无雨无月之夜为舞龙之期，到时锣鼓喧天，欢声雷动，先从龙头点火，龙口喷出五光十色的火花，蔓延全身，顿时成为一条翡翠色的磺龙，顷刻间硫磺烧尽，点燃了香火，又成为一条火龙，配以黑夜背景，更见光芒万丈，然后由数十壮汉举龙起舞，蠕蜷摆动，先向祖宗拜年，然后舞至邻村贺岁，如经过河边，更见上下二龙，睹此奇景，真是毕生难忘。我走遍大江南北和东西两洋，也没有看过这种动人的玩意，倘若外国人来看了，也必誉为世界奇观，远非他们的花车游行、选美大会可比。抗日胜利之后，我曾拟由家乡组成一个舞龙团晋京献演，无奈“共匪”肆乱，仓促来台，未偿所愿。但望上苍护佑，早日光复大陆，俾得一偿宿愿。只怕大陆“陷匪”多年，这些艺术人才早被饿死或杀光了，言念及此，不胜欷歔！

（五）誓扫妖氛未死年

民国二十一年，行政院聘我为湖南省地方自治筹备委员会委员，见有许多规章不合地方实情，我就笑着说，这不是自治，是自扰嘛！同时把我家乡安和乐利的情形说了一遍，大家要我写篇文章，来做参考，没有多久，地方自治停办，我这篇文章也搁置未写，一拖就几十年了。回忆民国九年，陈独秀急于要组织共产党，我认为共产主义忽视人性的自由意愿，不能解决民生问题，拒绝参加。（详见《传记文学》第十四卷第五期及第三十卷第五期）毛泽东凭藉外力，窃据大陆，死抱着共产主义不放，结果生产萎缩，人民痛苦不堪，这不但是自扰，而且是自杀呀！现“匪酋”们又天天说要把生产搞上去，甚至说经济要学台湾，但四化无望，一筹莫展，我看早晚都要走向三民主义来了。民国三十八年，我在机场得悉总统 蒋公引退（详见一九五一年《改造》第十三期），就决定要离京来台，行前一日，驱车往中山陵告别，一出城门，就为大批战马所阻，马夫说，南京都快丢了，你还来这里干啥？我说我来向先烈辞行，我们还要回来的。马夫让路，我叫司机开快车，急绕灵谷寺中山陵明孝陵而返，转眼又已三十几年。台籍“国代”同仁刘兼善先生一生奔走国事，不避劳瘁，赵龙文将军赠诗二首，悲壮感人。我和刘先生处境稍异，而目的则同，率就赵诗略易数字自勉，诗曰：

“又是鸡鸣如晦天，终宵危坐一泫然，凭将隔海复兴地，誓扫妖氛未死年。”

“海岛飘云三十年，匡时志事竟回天，钟山松柏如相问，还我河山此践言。”

（原载《光复大陆》月刊一七八期）

二、求学琐忆

（一）新旧三字经

族叔丹梯先生是一位老秀才，我的哥哥们都是他的学生，他好学，尤其喜欢劝人家读书。他看见人家的孩子到了学龄，没有上学，他就会接二连三地到你家来，劝到你把子弟上学为止。我五六岁时，正当科举已废，私塾停办，新的学校又还没有设立，无处读书。他老先生就和几家家长商量，由他空出一间房子来做教室，各家要读书的孩子就各自送桌椅来，也不聘请老师，由各家父兄轮流教学，教的是三字经“人之初，性本善，性相近，习相远……。”因为没有专人负责，有些家长到时又不来教学，学生就闹得天翻地覆，尤其丹梯先生有两个儿子都十几岁了，非常顽皮捣蛋，常常把桌椅堆起来唱戏，跳上跳下，惊险万状，有时他们还会画大头鬼脸，张口吐舌，贴在我们的坐椅肯后，教我们不敢坐下，所以没有多久，这临时学校就停办了。

第二年袁氏私立国民小学成立，就在本村的关岳庙内，隔出两间教室，请了几位秀才先生做老师，校长还是丹梯先生，教的是新三字经“今天下，五大洲，东与西，两半球……。”那时学生没有课本，全由老师教几句，写几句，学校里虽有黑板，但买不到粉笔，老师用毛笔醮烧红（即红土）写在黑板上，等水干了，才能现出字来，真是艰苦之至。学生穿的衣服，长的长，短的短，各随尊便。我们也有体操，由一位武秀才做老师，教我们立正、稍息、开步走等类动作。最可笑的是唱歌，只有歌词，而没有歌谱，老师照着歌本高声朗诵“昭天子，图自强，除却兴学无别方……。”我们也跟着干喊，既不是和尚念经，又不像道士做法，南腔北调，胡乱对付而已。

新三字经读完了，就教国文和算术。算术有笔算珠算，都要教。国文是最重要的一科，用浅近文言，把古圣先贤的事迹和做人处世的道理，传授给学生，老师教得很认真，要读，要讲，还要背，书中所讲寡母孤儿的故事，我特别注意，我对晋朝王览爱护前母所生的哥哥王祥，印象尤深，因为我幼年丧父，满门悲惨，所以感触独多。我父亲是一位非常聪明能干而乐观进取的人，只活了短短的五十二年，对士农工商都有成就。他平时身体很好，不知得了一场什么病，只卧床几天就去世了。我母亲是他的继配，那时只三十六岁，我只七岁，弟弟只三岁，前母所生两个哥哥，一个姊姊，虽有二十来岁，但平日不曾管过家务。父亲原有相当多的财产，因没有预先交代，被人骗赖或侵占不少，甚至田庄里的存粮及耕牛也会公然被人盗卖，真是一夕数惊，惶惶不可终日，幸赖我母亲坚苦支撑，两兄也孝顺相助，渐渐才稳定下来，如再无意外发生，还是一个衣食无忧之家。我触目惊心，决意要：第一、勉自惕励，不可放荡浪费；第二、全家和睦，共御外来侵犯。所以我一生都是严谨简朴，不曾做放荡逸乐之想。如遇母亲和两兄两嫂稍有争执，我出来缓冲，甚至偏向兄嫂方面，幸而我母量大，兄嫂也皆忠厚，久而久之，我母觉得自己生的儿子反不如人家生的好。到了晚年，她老人家看见我和弟弟都能自立，还时常要我们接济两兄两嫂，乡人共称贤母，饮水思源，能不拜谢书本之赐吗？

（二）濂溪高小

濂溪高小是县立第三所高等小学，它的前身是纪念宋朝大儒周濂溪先生的濂溪书院，为全县最高学府之一，校舍整洁宽敞，环境清幽秀丽，确是一个读书的好地方。我是民国二年春考进这个学校的第一批学生，同学有七十二人，因为管教方便，按年龄大小，分成两班，大班的同学有些已经结婚生子，小班的同学，最小的只有十二三岁，我也是其中之一，两班教学的课本和老师都相同，不过时间分开而已。大班的同学因年龄稍大，生活思想比较复杂，成绩往往不如小班，老师们因为爱护小班，就对小班的学生管得特别严，我记得我们的学监叶敏之先生经常拿着一本名册跟着我们，几乎我们走到哪里，他就跟到哪里，一有不对，就要记点，记点多了，就要扣分。大家都很怕他，也很恨他，哪晓得狗咬吕洞宾，不识好人心呀！

学校里的课程，完全依照当时教育部的规定，有国文，有修身，有数学，有历史地理以及理科、农业、图画、音乐体操等科，教音乐有风琴伴奏，听起来也很悦耳。教体操有杆子、电铃，出外游行有洋鼓喇叭吹打。学生都穿制服，很整齐。但学生一切课本都没有，老师教到哪一课，就写在黑板上，我们照抄，以供自修自背之用，这个办法不免有些浪费时间，但也有好处，就是课本经自己抄过之后，容易记忆，例如老师教地理，把地图画在黑板上，我们就照着抄在本子上，经久不忘，事隔多年，如有人问我，某山某河的起点终点在哪里，某某名胜古迹在什么地方，我都可随时说出，就是得力于抄写的缘故。

不知起自何时，何人的胡说八道，说是年轻学生的晚餐，只可吃稀饭（粥）不可吃干饭，吃了干饭，就会不消化，会成疳积，濂溪也因袭这种陋规，早午两餐吃干饭，晚餐就吃稀饭，而老师则三餐都吃干饭，一到开晚餐的时候，学生都眼睁睁地望着老师的饭菜，馋涎欲滴。一见老师吃饱离桌，学生们就一哄而至，将余菜剩饭抢光，简直是一群饿鬼，不过家长没有看见，否则真要心痛得要死了！青年学生正在发育时间，最需要充足的营养，湖南又是鱼米之乡，通常农家一日要吃三餐两点（早点和午点），而独要学生忍饥挨饿，不但不合卫生，而且是不合人道，不知以后曾改良没有。我记得我们一到月考或期考之前，都温习功课，常至深夜，所吃的几碗稀饭，早随小便溜走，肚里空的难受，我们同寝室共有六个同学，其中有一位名叫朱雯，比我大几岁，为人比较勇敢耿直，他和厨房也是本家，遇到实在饿得没有办法时，他就和厨房商量，由我们同室同学各出三分六银子（那时是用银洋，七钱二银子就是银洋一元，七分二银子就是银洋一毫，三分六银子就是银洋半毫），买饭一小锅，鸡蛋几个，以及油盐等物偷偷地到厨房自炊自吃。有一次在年考之前，大家凑些钱买了两斤猪肉，晚饭后放在厨房煮着，等到夜深肚饿，就到厨房去吃，不料这锅猪肉不见了，问厨房也说不知道，好在朱雯胆大，竟然敲开管理先生的门，管理先生是我族叔袁焕文先生，他是秀才，也在长沙优级师范毕业，新旧学问都相当好，为人幽默，看着我们就笑着说，这锅肉他早已吃光了，还不知道是我们的呢？后来说好说歹，终于指着桌旁的一只锅子说，快拿去，以后不许这样了。我们捧着这锅肉，好不开心到厨房，一窝蜂就吃光了。我平日怕油腻，不大喜欢吃肉，而这次吃得又香又甜，真是饥者易为食呀！

汝城是一个习惯于聚族而居的社会，常常同姓几百家聚居在一村，一到春节休闲期间，各村都有精彩的艺术表演，有龙灯、花灯、香火牌坊，各出心裁，赏心悦目，热闹非凡。学校里因外面太复杂，又怕学生染上不良习气，不准学生外出观看，有一次我们于熄灯就寝之后，溜出去看了一会就回来，不知学监叶先生早已知道。他常于就寝之后，拿着一盏探照灯（三面无光，只有一面有光，也可关可开），巡视各个学生寝室。我们回来刚上床，他老先生就用灯照射我们各床，并大声说，刚才他来看过，一个人都没有，怎么现在又睡着呢？难道看错了吗？我们把被子蒙头假睡，吓得满头大汗。第二天学校也没有处罚我们，只是夜晚就把大门上锁了。以后又有一次，有一个龙灯盛会很好看，我们很想出去，但门上锁了。还是朱雯有办法，把教室的窗门打开一扇，他先跳出去，再用他的肩膀做楼梯，把我们一个一个接下去，看完回来，经过一条小巷，适逢一个有名的土娼也打着火把走过，朱雯一口气把她的火把吹熄了，在她身上乱摸一阵，回到学校，还在床上说得津津有味，我也接口说:“晓得这样好,我也该摸一把。”不料叶先生正在外面偷听，一推门就进来，呵斥说:“仲子！（我的小名，是亲人对我的称呼，那时我的学名叫贤昌）你也这样坏呀！以后不准胡闹，否则要打你的屁股！”吓得我一身大汗,不过第二天也没有什么了。我们快要毕业，功课又忙，以后再也没有偷偷出去了。叶先生外貌严肃，而宅心仁厚，深得隐恶扬善之旨，他也是一位名秀才，并在长沙优级师范毕业。他兼教我们史地。我记得他讲历史时，曾说郑和下西洋除宣扬国威外，还有替明成祖采寻建文帝下落的秘密使命。后来考试，全校只我一人答出，他高兴极了，屡次向校长称赞我。那时的校长是我堂兄丕承先生，堂兄平日叫我小名，所以他也叫我小名，他有个女儿也在县立女校读书，他向我堂兄提出与我联婚之意，因我早于幼年定婚未如所愿，而叶先生爱我管我如故，直到毕业时，竟把我的品行打一百分，堂兄谦逊，说人非圣贤，孰能无过，特扣去五分，以示公允，但我毕业的总平均分数仍为全校之冠，此固由于诸位老师的训诲有方，而叶先生的管教特严关系尤大。俗语说“一日为师，终身为父”叶先生实可当之无愧！

（三）鹅湖书院

在濂溪好好的读了三年书，实在受益很多，我对所学各科不但会读、会写、会背，而且会默写，对于作文更感兴趣。此时正好升学，可是那时本县没有中学，又因时局不宁，外出家里也不放心。后来大家商量，与其闲着无事，不如多读点旧书，把国学基础打好，就由几家家长借到离县城不远营内朱家的鹅湖书院做我们的专修国学之所，并商请堂兄丕承先生摆脱其他的教职，专任我们的国学老师。参加的同学共有十几人，我和另一堂兄周章也在其内，外面不挂招牌，实际上是一个旧时的经馆，也像今日的中文书院。

丕承先生名钞铭，是清末己酉科的拔贡，曾晋京朝考，分发江西候补州判，对国学造诣很深，字也写得很好，从前的拔贡要十二年才考一次，应考的人必须秀才出身，而且字也要写得好，因为是用墨卷，字非写好不可，考取后，仕途很广，所以时称金拔贡，可是正当他走马上任之际，清朝被革命军推翻，于是他就退守家园，不再出仕。他教我们读书，不但学深识广，而且循循善诱。我们每日只上两堂课，上午教经史，下午教诗文，其外的时间都是自修，经史尤重论语、孟子和左传，要能读能解能背，诗文则选读古唐诗及唐宋以来诸名家古文，必要能解能背，每星期要作文一次，交卷后由他逐一评改，并详告作文之道在明义理。首要条理通顺，次要文笔畅达，再次就要修辞雅驯，至于骈丽对偶之文虽不可偏废，亦不可特好，以免以词害意，那时我和周章兄都爱读《滕王阁序》一类炳炳烺烺的文章，作文也想学骈体，他屡次劝诫不听，最后讲一个故事给我们听，说从前有两个书生，一个是秀才，一个是童生，两人死了都去见阎王，阎王问童生，为什么他是秀才，你还是童生呢？童生说，学台不公道嘛。秀才说“不对，是他的文章作得不好。”两人就争吵起来，后来阎王说，你们不要争了，我来考考你们吧！刚刚阎王放了一个屁，就以屁为题，要他们作一段起讲，童生写道：“圣王天子在上，荒宣宝屁，猗欤休哉！何其屁之隆乎！”秀才写道：“上出者气，下出者屁，屁与气清浊固不相同也。”阎王看了，就对童生说：“学台没有错，是你的文章作得不好，屁是臭的，有什么隆不隆呢？”从此我们再也不敢作骈体文之想了。

我们在鹅湖读书一年，除放假及老师卧病外，真正上课的日子不到一半，好在我们同学都能遵照老师的指导，各自用功，并相互讨论，除老师讲授的经史及诗文之外，还自行选读昭明文选、东莱博议、古文观止及古文笔法等书，自觉收获不少，不过有些囫囵吞枣罢了。周章兄记忆力强，读书进度比我快，而我偏好理解，往往不能理解的东西就很难读熟，老师也常说，读书首要懂解，次要读熟，书读熟了，作文时会自动来凑合你，使你取之不尽，用之不竭，汩汩而来，其乐无穷。我和周章兄同住一室，常常相互背书，听说以前有人连读司马迁《报任少卿书》十遍，就能背得出，他试读了二十遍也能背出，至于我呢，恐怕连读五十遍也不能背出，因为其中很多深奥难解之处，怎能叫我生吞活剥呢？我因追求理解，常常延缓了读书的进度，例如列子的《蕉鹿梦》一篇，是说是非真假觉梦不可过于分明，显然是道家思想，但末句又云“欲辨觉梦惟黄帝孔子，今无黄帝孔子孰辨之哉！”黄帝向为道家所祖，所以并称黄老，而这篇独把黄帝孔子视之一体，不太可怪异吗？又韩文公的《师说》，末段所言李氏子蟠的年龄问题，也使我大惑不解，因我先读了一本石印的古文笔法百篇，内言“李氏子蟠年七十，好古文，六艺经传皆通习，不拘于之时，学于余，余嘉其能行古道，作师说以贻之。”与《师说》前为所言“吾师道也，夫庸知其年之先后生于吾乎”正相吻合，故予奖励，而赠以《师说》。此文之后，并附有书后一篇，亦言李氏子蟠耄而好学，均可证明石印本无误，而同学中所读之木刻本古文观止，则言李氏子蟠年十七，并附注李蟠为贞元十九年进士。如李氏子蟠确为十七岁，则正是《师说》中所称授之书而习其句读之童子。尚何嘉奖之足言，且与原文立意不合，其错误无疑，但无韩文最初刻本，以资印证，耿耿此心，至今仍未释怀。昔陶渊明好读书不求甚解，而我则好求甚解，而不好读书，无怪所见之不广也。此一疑团先后问过多少人士，都不能解答，恐怕只有死后再请教阎王了！

（四）郴州中学的自费生

郴州中学又名郴郡联立中学，是郴州所属六城联合办理的。学生分两种，一种是公费生，一种是自费生，公费生只缴膳杂费，不缴学费，自费生学费、膳杂费都要缴，一年只多十元左右，不过在当时的农业社会里也不是一个小数目，尤其读书机会难得，所以还是求学青年所要争取的目标。民国六年本县有二十名公费生，有十名自费生，丕承先生教了我们一年国学，认为已有相当根底，也勉励我们出外升学，同时县长屡次敦请他出任劝学所长（即今日的教育局长）也不便再辞，我和堂兄周章及族弟介白三人就投考郴州中学，考场设在县长衙门里面，考试题目是“师严然后道尊论”，我们考完出来，把草稿带回家里，都说考得不错，可是榜放出来，我们都在二十名外，尤其我刚刚是廿一名，被摒于公费生之外，地方黑暗，可以想见，同时也反映出丕承先生为人的方正古板，不利用身份，入公门、讲私话。元宵过后，我们兄弟因为别无学校可进，还是由长工挑着行李，步行两百乡里，到郴中上学，期终考试，我们都在五名以内。学校当局大为不平，就行文到我县，硬把我们三人改为公费，总算扬眉吐气，讨回公道了。

郴州中学是以前的考棚改设的，除添了两栋洋楼做教室外，自修室、寝室都是就原先的考场分隔而成，因陋就简，远不如我们以前读过的学校，尤其吃饭最糟糕。学校因为经费短缺，吃的都是霉坏生了虫的河米（即用船从远处运来的米），更不知是什么人的发明，中午吃稀饭。我生平最怕虫，一见虫就会毛发悚然，手足无措，饭里有虫，自然不能下咽，等把虫挑出来，菜又被同学吃光了，至于稀饭里有虫，更无法挑出，就只好干脆不吃。饿了就买包蚕豆或烤番薯充饥，校门外有一个面摊，有馄饨卖，可是要五分钱一碗，长吃也太费了，一个礼拜吃一两次而已。好在学校里有一个煤炭火炉，经常烧着开水，我们随时都可用来泡茶，或者冲点藕粉百合粉吃吃，也不过聊胜于无而已，以视现在的青年，常常要顾到营养真有天堂地狱之别了。

学校里各科老师都很平常，只有一位由省城聘来教英文的文老师最为突出。他是醴陵人，英文好，能说能写，而且热心教学，他的仪表英俊文雅，在郴中里更如鹤立鸡群。我们读的英文课本是正则英文，从 ABCD 教起。我们汝城的学生向来是说土话的，读书也是土音，有些字读古音，有些字像北京音，有些字又读广东音，乱七八糟，不知是从何而来。初出门来，要学官话（即普通话）已极困难，现又要学洋文，更是困难的困难了，我记得文老师教我们发音，教到 C 字，别县的学生都没有问题，只有汝城的学生读不出来，因为汝城邻近广东，常常把发音弄错，例如西字会读成丝字，齿字会读成奇字，而且有些音根，从来没有，所以学起来特别困难。文老师为了这些伤了不少脑筋，最后只好让我们慢慢地学了。文老师除了上课之外，最喜欢学生到他房间去，一进他房间他就说英语，不说中国话，练习学生听和说的能力。有时他去礼拜堂作礼拜也常带学生去，和外国人练习英语，对于教学真是无微不至。读了半年，我们能从第一课背到最后一课，一字不差。

暑假过后，我们是一年级二学期了。不料学校当局发出奇想，因为我们的上一班（即二年一期），学生太少，就把我们全班跳级合并上去，我们足足有半年的书没有读过。怎能赶得上呢？又是我们的灾难呀！尤其英文一科，很多生字没有学，文老师特别为我们补习，不懂的地方，要我们常去他房间问这问那。有时我没有去，他还关照同学回来时一定要告诉我。老师恩情，天高地厚，终身难忘。我现在只懂得一点点英文，都是文老师所赐，如果能跟他好好学到毕业，那该有多好。可惜天下事常常不如人意。学期终了，文老师被程潜请去当英文秘书了，临别之时，他还关照我，最好转学到长沙去，从此我也离开郴中了。

（五）船山中学

民国七年，春节过后，我和堂兄周章决定去长沙读书。由汝城到长沙，有一千多里路程。夏季水涨，可步行到资兴，搭木船到衡阳，再搭轮船到长沙，初春还是枯水时期，搭船反不方便，只有走旱路。我们兄弟两人，背着书包和换洗衣服，并将这一学期要在学校用的五六十块大洋，装入一条板带，捆在腰间，一步一步地向北走，由汝城到资兴，由资兴经过永兴、安仁而到攸县，由攸县到醴陵是一条一百八十里的大路，有独轮车可坐。独轮车又名鸡公车，走起路来，颠颠簸簸，格格有声。两脚虽有休息，但屁股常常碰痛。车资不贵，也算方便，经过市镇伙铺都有打扮入时的年轻妇女（俗称活招牌）在门口招呼："客官，时候不早了，进来休息休息吧！我们这里有滚饭滚菜，高床高铺呀！"进店与否，全由车夫作主，有时赶点夜路，也要到他们的熟店，一进门，茶水就端了上来，洗面喝茶，休息一会就开饭了，果然鸡鸭鱼肉摆满一桌，吓得我们不敢下箸，不知要花多少钱，好在车夫对我们说："少爷！你们是新年远客，应该添菜招待，不会多要钱的。"饭后洗脚，就上床睡觉，我们怕人家来偷钱，两手还紧紧抓着腰间板带不放，有时翻身，银洋碰响更加害怕。次日结账，两餐一宿，仍不过五六毛钱（十毛等于一元），有人说连车夫的饭菜钱都算了在我们里面，真是便宜极了。到了醴陵，我们还住宿伙店一夜，第二天坐火车到长沙，全程走了九天，虽然肢体相当辛苦，但精神十分愉快。以两个陌生的小伙子，身边又带有银钱，长途跋涉而平安无事，且受善待，可见当时的人心淳厚，社会风气善良。所以世称，走尽湖广路是人生乐事之一，孰料数十年后竟出了毛泽东、刘少奇，弄得这个忠厚仁爱的鱼米之乡变成凶狠残暴的荒蛮世界，这又是谁的罪过呢？难道是物极必反吗？我的天哪！

到了长沙，周章兄考入岳云中学，我则考入船山中学，都是插班生，上课不过一个多月，北洋军阀的军队开进来了，谣言说要屠城，学生纷纷逃避，学校也已停课，周章兄一定要我一起回家，就和几个同乡搭上一艘小轮船，途中又被散兵抢走，好不容易找到一条木船，而船上只有老板夫妇二人，没有船工帮忙，有时上滩，还要我们帮他拉纤，经过多少的惊险艰难才到衡阳，上岸后走了五天才到家，两脚已肿得不能动了。到家未久，又听说学校已经复课，急忙赶回学校，功课已经耽误很多了。尤其代数一项因中间隔断而常不懂。我的座前是一位刘姓同学，他家住岳麓山，是一个苦学生，每日要拿雨伞，穿针鞋来上学，很用功，当时学生中算他代数最好，我不懂的地方有时问问他，一两次还好，多问几次他就不耐烦了，竟说："我又不是你的老师，怎么问我呢？"从此我就加紧自修，没有多久，他倒问起我来了，并说不好意思，我说没有关系，同学间本来应该相互研究的嘛，这位同学，家境既苦，头脑又笨，以后是否退学大家就淡忘了。

船山中学是船山学社附设的一所旧制中学，而船山学社的前身又是思贤讲舍，是清末许多名流学者为纪念王船山先生而设计的学社。因为船山先生学问渊博精深而又富于民族思想，明亡隐居不出，而以著述启迪后世，其大节凛然，亟宜表扬，又对清廷不无顾忌，故未标榜姓名。民国建立，才正式改名船山学社，附设中学亦以船山名之。众推旧时翰林出身，曾任本省督军兼省长的刘人熙先生为社长，刘先生久居上海，不过遥领而已。中学校长为贝允昕先生，贝先生是前清举人，曾在日本留学习法律，为一诚厚君子，他着西服、坐洋车（当时的自用黄包车）满脸挂腮白胡子，他教我们修身，讲浏阳土话，我们都听不懂，可是他总是笑眯眯的，活像圣诞老人，学校有时经费不足，他就慨然解囊相助，所以全校师生都很敬爱他。后来的校长是石蕴三先生，石先生是国内有数的国学家，精通经史百家之学，而有创见，著作很多，并常于课外教我们国学，故船山中学中国文学气氛特盛。我们的国文老师是桂阳州的彭政枢先生，此老是科举时代乡试的有名房师，富评文阅卷经验，为长沙高等师范及各校的国文教师。他来上课时，一定要坐大轿，并有跟班替他拿皮包擦黑板，教学非常认真，从不旷课，对我的作文特别喜爱，常给我百分，有时还要另加二十分，几乎篇篇作文都要传观，他说要是在科举时代我早中举了。有一次他考作文，以“黄黎洲曰一人之力不能胜天下欲得之者之众论”为题，我把历史例证及今日的民主思想写了一篇长文，他更竖起大拇指说，现在北京正在举行文官考试，如去参加也必高高考取，因此同学们都戏呼我为“文官”。此外我们代数老师汪澹华先生是我终身不忘的恩师，他教课最清楚，他要学生都聚精会神看着他的口和手，他才口讲指画，要是听了他讲课都还不懂，那就是一个大傻瓜了。那时因时局动荡不安，学校常常罢课，我想早点把代数学完，他就要我夜里到他家里学习，所以我不等毕业，早就把一本温德华氏代数学完了。至于其他各科的老师都很平庸，尤其差劲的是英文教员，一个学期常常前后几人，而且换一老师，又换一课本，前后不相连贯，这不是误人子弟吗？理化一门，设备和老师都很糟，实习室内空空的，往往没有实验，凭书本说空话，所以印象模糊，尤其化学各种元素是什么形状，什么颜色，我始终不清楚，比之今日的教育真是差得太多了。

我在长沙读书期间，每年暑假寒假都要回家，因为学校放假就停伙，住旅馆又不合算，只好回家，顺便把下学期的费用带来。走来走去，既花钱又费力，尤其浪费时间，可惜年轻人不会想得那么多。我每个学期都要带大洋五六十元来，除缴学膳制服书杂等费外，还有半数作为平日零用及回家旅费，但零用很难控制，买买这样，买买那样，没有多久，钱就用完了。到了要用钱的时候，反而没有。我第一年在长沙过冬，没有钱买棉衣，年终考试，外面下着大雪，笔砚都结冻了，老师看见我穿着夹衣，摸了我一下，连内衣、衬衣一起也不过四层，怕我冻坏，急忙把教室里的炭盆拿一个放在我的旁边，幸而上天保佑，没有害病。我的家乡气候温和，四季如春，穿夹衣过冬是常事，哪知长沙就不同了。这次年考，我得第一名，第二年免缴学费，我才买棉衣。在此以前，同学都以为我家很穷，买不起棉衣。其实我带来的大洋虽已用完，仍有毫洋十元未动，一则不会用，二则不忍用。这是自从到郴州读书以来就是如此的。我们家乡邻近广东，通常是用毫洋，毫洋也是银洋，大约一元二毛换大洋一元，与上海相同，但长沙只用大洋，不用毫洋，贬值使用吃亏太大。我上学所带的大洋都是我两个哥哥用毫洋换来的，母亲怕我钱不够用，另给十元毫洋，要我带在身边，以备不时之需。我觉得背着哥哥用母亲的钱，于心不忍，所以每次回家，都原封不动奉还母亲。母亲于我下期上学时，又照样给我，故一直保留下来。以后才晓得这是我的愚昧无知，要是因受凉生病，而一命呜呼，不更对不起母亲吗？转眼八十已过，体弱多病，最怕受凉，一见儿孙们穿得太薄就急得要命，真是生儿方知父母心呢！

王船山先生是一位富于民族思想的大儒，船山学社和船山中学一脉相承，先天就富于民族思想和革命意识。民国七八年间，这里常有许多老先生集会研讨船山学说，并印行船山遗著。民党（当时对国民党的简称）中人也常来此联络。民国八年国父孙中山先生曾派两位同志携带很多本孙文学说，来湖南活动就住在我们学校里面，毒军张敬尧竟于深夜，派人来把他们杀死。吓得我们的校长也离湘赴沪，好久才敢回来。至于北洋军队向我们学校捣乱，更是日必数起，时而剪断我们的电线，时而抢夺我们的皮球，逼得我们不能读书而后已。民国十五年北伐，我路过长沙，往见老校长石先生，还谈起当时的事，并告诉我这两位遇害志士的姓名，可惜现已忘记，不知党史里面还能查出否。民国八年五四运动发生，我们学校响应特别热烈，由反对北洋政府，演变而成驱毒（指督军张敬尧）运动，我是本校学生会的代表，奔走呼号不遗余力，终至全省罢课。我们住在学校里面，坚持非驱毒不上课的立场，乘暇请石先生教我和几位同学读老子荀子等书。民国九年，学校被迫复课，我就气愤去上海了，这年我应届毕业，而没有参加考试，学校就按我以前的成绩平均计算，寄了一张文凭给我。总而言之，民十以前的船山学社和船山中学对于国家社会不能说没有贡献。拙作《船山名师录》于一九七二年十一月《中外杂志》发表，谈此事甚详，曾宝荪先生看见了，也对我说，他对船山学社诸位老先生也很敬佩。不料曾先生逝世后，他的回忆录中竟把船山学社和毛泽东的自修大学混为一谈，那就太冤枉了。民国十年以后，中国才有共产党，何能把民十以前清白的船山学社也一笔抹杀呢？也许是代笔有误，无奈曾先生谢世多年，我不能请他更正，约农先生又在病中，不便去打扰他，只好在这里一提便了。

（六）工读互助在上海

因为时局动荡不安，学校常常停课、缺课，甚至罢课，在这闲空期间，我除承汪先生给我到他家里提前学完数学，并承校长石先生讲授国学而外，意外地遇着一位头脑很新的老先生，他姓贺，是我下一班的国文老师，他因常常看见传观我的作文，在校刊上也有我的作品，大为赏识，就常常介绍我读阅新书，那时胡适之的《中国哲学史大纲》刚刚出版，他买来一本借给我看，我看得很有兴趣，于是又把其他大学课程里面有关文史政经的书籍，一本一本给我看，并且乘机鼓励我往北京插班读大学，有一位曹姓的小同乡以前曾对我说过，在北京读大学，至少每年要大洋两百元才够用，我家每年田租的收入只有两百多担稻谷，共值大洋四百多元（当时毫洋三元可买稻谷一担）。如果我去北京读书就要用去一半，家里还有十几个人怎够生活呢？恰巧有一位同学因留法不成，由上海回来，说上海费用倒不贵，何不去上海呢？我家里因我久未回家，寄来大洋一百元，我就拿着这一笔钱去上海了。

我临走之前，告别各位老师和同学，都不胜依依。贺先生还作了一篇序送给我，中有“吾闻人思想不可为物质所囿”一语，意即勉我向前努力，不要顾虑金钱的困难问题。我上船时，同学数十都到江边送行，一若送什么重要人物，真使我无限感奋。贺先生那时已六十多几，鬓发皆白，外号“老少年”。听说他曾作过几任县长，而且当过道尹，又信基督教，外出都坐三人抬的洋轿，但思想很新，有人说他是左倾人物，但我在上海和杨明斋谈到他，并拿他给我的序文来看，杨即说贺的见解不对，思想何能不受物质所囿呢？因杨是俄国派来的重要人物，信奉唯物史观，自不以贺言为然，于此可见贺先生无所谓左倾右倾，只是好奇好新而已。后来听说他竟在家乡被杀害，他的家乡是邵阳，还是新化，被杀的原因是什么，我至今还不清楚，这是后话。

到了上海，我去名利大旅社见同学石承鼎兄，他是石校长的少爷，正在候船放洋，他对我说住旅馆太贵，最好租房子住，每月只要几块钱，后来和同学袁笃实、罗觉（后改名罗亦农，留俄回国，在上海搞工运被杀）在法租界贝勒路吴兴里合租一间前楼，房租每月六元，吃包饭，每人每月四元五角，后来改吃清真馆，每人每月也不过六元，真是便宜。这二位同学原拟往法国勤工俭学，因停办而滞留上海，另候机会出国，一面在同里的《救国日报》馆，做点临时校对工作，维持生活。我呢？坐食山空，也不是办法，只好试写几篇文章，投稿上海《民国日报》和《时事新报》，果然都登了出来，当时稿酬一千字大约三至四元，每月写几篇稿，可得四五十元，足够生活了。长沙一些同学看见我能在上海立足，也纷纷想到上海来了。

陆陆续续来到上海的同学，计有吴芳、卜式奇（后改名卜道明，曾任我国国际问题研究所所长）、李若虚、何骁、袁介白，连同我和袁笃实、罗觉共计八人，大家都希望同时解决生活与求学两大问题，但各人的工作能力不同，工作机会也常有变动，非用互助方式，不能共渡难关，几经研商，决定组织沪滨工读互助团，试行社会主义各尽所能，各取所需的理想，并发表宣言，要求社会支持，报章登载（民国九年夏季各报当可查出）哄动一时，视为解决青年求学的新途径。当时要求来团参加的人很多，因限于住宿容量，只增加了皖籍的汪君和浙籍的吴君，连我们原有的同学共计十人，成立之日，曾柬请沪上名流前辈前来指导，当时到者有邵力子、沈玄庐、李石岑、聂潞生、黄警顽诸先生，未到而来信表示同情者则有张东荪、陈独秀二人，只有《申报》的大老板史量才人既未到，亦无信来，算是最冷酷的了。

李石岑先生是国内有名的哲学家，曾留学日本，当时在《时事新报》担任《学灯》栏的主编，我因投稿常常和他见面，承他热心指导读了不少书，受益匪浅。黄警顽先生是商务印书馆的外务经理，交游很广，他对我们同学介绍了不少工作。至于邵力子先生（后虽附“匪”，但在此我不能不尊称他先生）更是全力帮助。他对我们的学业非常关心，不像陈独秀不愿青年多读书，只要青年盲从他，作他的工具（详见《传记文学》十四卷第五期拙作一个亟应辨正的史实）。邵先生在复旦大学兼课，我们也希望到复旦读书，他带我们去见校长李登辉老先生，说我们是工读互助的有志青年，大学里文法方面的书已读了很多，想到复旦插班选修一些课程。李校长说，我们没有工科呢！邵先生说，他们不是要学工科，他的工是 Work，李校长说，原来如此，就叫他们来试试罢！李校长满头白发，精神奕奕而内心仁慈，他是华侨出身的学者，对学生只说英语，旨在练习学生对英语说听的能力，那时复旦还在徐家汇，校舍简旧，学生人数也不多，以视后来在江湾规模宏大的复旦大学，真是不可想象的。

承邵先生的鼎力提携，又承李校长的慨然允诺，我们同学总算得到求学的机会了。从此各依志愿，选读功课，我想多学点英文，在选课中有修辞学（Rhetoric）一门，读来十分吃力，而且觉得愈读愈糊涂，原来学英文也和学中文一样，一定要多读熟读，熟自生巧，熟然后能通，别无捷径可循，如果学中文，不多读熟读些书，只拿着马氏文通来死读，还不是愈读愈不通吗？谈到这里，我又想起郴中的文老师来了，倘若我能跟他读到毕业，那该多好，世事往往不如人意，只好认命了！至于其他同学更困难重重，有的工作与上课的时间冲突，顾此失彼，有的很久得不到工作，甚至有的有工作，有收入，只供自己花用，而不拿到团里来，只靠我和少数同学拿出钱来，维持团里的开销，何能持久呢？不过几个月，这个工读互助团就解散了，经过这次实验，我对社会主义集体生活的想法完全破灭，偏偏这时陈独秀正热衷于共产主义。先组织社会主义青年团（SY）邀我们全体同学参加，并在新渔港里设立外国语学社，专门传授俄文，吸引青年留俄，后又改组社会主义青年团为共产主义青年团（CY），我就拒绝参加，最后他们竟把共产主义青年团改为共产党（CP），那已是民国十年的事了。

工读互助团解散以后，我就搬到八仙桥福昌里居住。这里有电车经过，白天到复旦上课，夜里到报馆帮忙都很方便，福昌里门前正是电车转弯的地方，走得很慢，我上学时常常不到车站搭车，就在转弯处一跃而上，非常便捷。有一天学校有堂特别课，请一位日本学者（好像叫内田博士，日久记不清楚了）来讲社会问题，由李汉俊翻译（李氏是党国先进李书城之弟，他也住在贝勒路，我们早就相识，并在读书方面得了他不少教益，他学问很好，只是思想偏激，后任湖北教育厅长被杀），我要赶到学校听讲，就在转弯处一跳上车，不料车门口站了一个人，我怕踩到他的脚，没有站稳，就从车上摔了下来，跌了一两丈远，两掌摔伤，鼻孔流血，急忙回到住处，把血迹擦干净，还赶到学校来了，也算命不该死，要是向后摔倒，不就脑震荡了吗？两手伤痕，一直多年未消，现年老皮皱，才看不见了。福昌里是弄堂房子，我只住在一个月租三元的亭子间，没有厕所，解大便要到又远又脏的公共厕所去，厕所里常常有虫爬来爬去，我生来就怕虫，往往看见不敢下脚，日久就养成怕上厕所、大便秘结的习惯，苦了我大半辈子，最近几年因医药进步,才好了些。当时上海并不是没有好住处,以我稿酬的收入，也不是租不起较好的房子，但眼见一些同学艰苦的情形，不得不留出一部分钱来接济他们，有时接济多了，也会弄到自身难保，青黄不接，后来我才想出一个最笨拙、最安全的办法，每月月初收到的稿费，除开销房租伙食外，每日要留毫洋六角（即大洋五角）作为早晚点心及车费等零用，并按当月日数，分别装成小包，注明日期，非到期无论如何都不开包。其余的钱才接济同学或添置衣物。以后这些同学有的去了俄国，有的回家去了，我留在上海又觉得孤独寂寞，也想出国去了，事隔多年，旧日同学先后去世，于今只我一人，萧然独在，也受尽无数疾苦折磨，这是上帝恩赐我呢？还是罪没有受够呢？

（七）南洋之旅

民国十年夏天，学校已放暑假，我选修的课也读完了。此时我的思想已经定型。我爱好民主自由而反对极权专政。杨明斋他们曾多次劝我去俄国，我都谢绝，我倒很想去美国，可惜没有机会，我觉得美国对外虽也有帝国主义的色彩，但国内是民主自由，我亲见同学毛飞得了聂家的留美奖学金，出国之日，送行的人有如潮涌，还不是都在羡慕他吗？我既不愿去俄国又不能去美国，在上海又闷得很难受，所以就决定去南洋了。当时南洋是英荷两国的殖民地，文教方面相当落后，但天然资源丰富，物质建设也有若干成就，恰巧落花生（即许地山）写的一篇标题《商人妇》的小说在《小说月报》发表，描写南洋的风土人情，也引起了我前往一看的兴趣，再则我的英文大半是自修而来的，阅读写作虽可勉强应付，但说听方面则很差劲，也想去多多练习，如果到那里能余积点钱，转往欧美进修，那更好了。计划已定，往见邵力子先生，他很赞同，要我担任报馆的特约记者，并送我大洋六十元作旅费，热带旅行，衣着行李都很简单，不过几天，我就上船离开上海了。

我搭的船是直航广州的，虽到香港，要换驳船才能上岸，不如乘便先到广州看看。住了两天，并和陈独秀谈了一次话（详见《传记文学》第三十卷五期）再到香港换船往新加坡，在香港因候船又住了几天,买了船票,所剩的钱就不多了。上船前夜，忽然想起明日还有一些开销，钱又不够用，怎么办呢？想来想去，辗转不能入睡，起床小便，低下头来找拖鞋，忽然发现床下发出白色亮光，开灯一看原来是几十个毫洋，想是以前住客遗留之物，正好给我应急，难道真是皇天不负苦心人吗？小说上常有逢凶化吉，绝处逢生的故事，我还以为全是作者耍的噱头，今身历此境，才晓得天地间真有这类的怪事哪！

船到新加坡，要通过海关检查，旅馆接客的人告诉我要花一两块钱，才能免去麻烦，一到旅馆身上只剩九毛港币了，刚刚只够旅馆住宿一天的费用，急忙索阅这里的华文报，随即写了两篇稿子送往报馆，果然都登了出来。报馆的主笔（现已忘其姓名）来看我，并说住旅馆太贵，而且不方便，就陪我去见华侨教育委员会的秘书梁先生。梁先生很客气要我住在三楼，但我怕热，夜里还拿一张行军床睡在四楼凉台上。教育委员会没有饮食部，吃饭要到外面去。有一天梁先生对我说：“北婆罗洲的北面有一个小岛，名叫纳闽，办有一个华侨小学需要聘请一位校长，你愿不愿去？”我说：“我初到不久，情形不熟，还要考虑考虑。”后来有人对我说，这里有个庙，叫龙山寺，有客舍可住，虽吃斋菜，但很可口，而且环境清静，读书写作都很相宜，我就搬去住了。不料住持僧竟是我们小同乡，俗姓朱，他于清朝随湘军到福建，后在泉州落发为僧，识字不多，但念经音调很好听，他每于夜深人静之时，烟瘾过足，就一个人在佛前念经，一面轻敲钟鼓，节奏幽扬，仪态温雅，酷似一位高僧。他常为人医病，医病先要敬神许愿，用的都是一些有益无害之药，尤其为妇女求子是一大利市。求而得子，固要重礼酬谢，求而不得，更要敬神奉献，所以香火旺盛。我在这里大约住了一个月，只出了一点伙食钱，余积了一点稿费，又想到北婆罗洲看看了。目的地是山打根。山打根离菲律宾很近，倘若能在山打根停留一个时期，就去菲律宾，再而转往美国，不也是个好办法吗？

开往北婆罗洲的船要经过纳闽，到了纳闽因上货下货要停靠半天，我想起以前教育会梁先生曾和我谈到这里的华侨小学校长的事，虽没答应也没拒绝，现已到了这里，何不上岸看看。一到校门就听见学生们读书的声音，迎面遇见校工，我问校工这里开学了吗？校工说开学好久了，再问校长在吗？姓什么？校工说本来请了一位袁校长，很久没有来，现在是一位唐先生代理校长，我才晓得梁先生已推荐我作校长，因我来迟所以才请人代理，现既有人代理，又何必抢人饭碗呢？二则我也不想在这小岛久留，就率性不说我的真姓名，随手拿出一张人家给我的名片“平的”（此人原名韩竹痕，平的是假名，详见后文）交给校工要见唐校长。唐君出见，一阵惊疑，交谈之后，坚决留我暂住，说这里海阔天空、风景宜人，正好安心写作，随即把我的行李拿下来，在学校住了两天，我觉得不大方便，就在一个椰子园里租住一个楼房，写了不少东西。唐校长常来聊天，有时请我到学校吃饭，有一次他来看我，适我外出，他翻开我桌子堆积的书籍，中有一本书盖“袁贤昌”三字印章，他又生疑了。对我说：“老兄！你就是袁校长嘛，不要再隐瞒了！”他告诉校董会秘书长张渔村先生，一起来要我搬回学校住，我仍坚决否认，我在南洋用的名字是“袁支”，我说贤昌是我的兄弟，并说我是新闻记者，要跑来跑去，不能常任这里。恰好北婆罗洲首府亚庇（Jesseltan）华侨学校要请一位老师，他和纳闽侨领们商量，就介绍我去，上船离别之日，许多侨领和唐校长都来送行，我为盛情所逼，才承认我是袁校长，这样大家更感动了，把我誉为空前的好人，因为当时例规，向国内聘请校长，至少要一年薪俸，并要送来往旅费，我分文未取这不是空前的吗？从此这个学校校长出缺，一定请我推荐，一连多年如此，侨胞忠厚可见！

到了亚庇，老友白瑜兄也在这个学校，相见之下有如梦境，愉快地过了几个月，又知由山打根到菲律宾，再转往美国是不可能的，我就决定到仰慕已久的槟榔屿（即槟城）去看看。坐船先到新加坡，换船往槟城，在船上已头昏脑涨，很不舒适，一到槟城就病倒了。因为我曾投稿这里的华文报（今已忘其报名）编辑易倩愚先生（川人）对我特别照顾，把我安排住在华侨会馆的楼上，一连发烧多日，不思饮食，易先生兼通中医，断为伤寒，由他开药医治，慢慢好了一点。会馆的厕所，在楼下的后边，夜间下楼如厕，常是黑摸摸的。有一夜我要下楼解小便，打开房门，看见楼下灯火通明，好不开心，不料走到楼下，一转弯就看见一个死人躺在一块门板上，两枝蜡烛点在他的脑后，脸上盖着一张白纸，馆内别无他人，受此一惊，非同小可。此时我就立下决心，如果我怕死人，我就会受惊而死，不如坚强起来，仍从死人身旁走过去，到厕所解了小便，又从死人身旁走回来，上了楼走进了房门就蒙头大睡，出了一身大汗。次日清晨，对门老会董的儿子来看我，才知道死的就是这里的看门人，本是好好的，不知何故一下子就死了。大家把大门反锁，只留我奉陪死人一夜，至今想来仍有余悸，但我从此一吓，病状反而好转，我能下楼坐坐，老会董的太太说我有痧，替我刮痧，他的儿子会说国语，常来送饭送水，大约经过一个月，病好了，头发都脱光了，他乡重病，而能不死也算万幸了。

次年春天，唐校长离开纳闽到马来半岛来了。他在士莪月新民学校当校长，听见我害了一场大病，就来槟城看我，并要我到新民学校去休养。这里有一个老校工，善于烹调，常常做些开胃可口的菜，叫我多吃进补。他做的鸡汁，不知怎么做的，外看只是一碗清水，但吃起来，又香又鲜，不过一个多月，我就复原了，而且比以前胖了许多？朋友看见都不认识我了。我感于唐校长的盛情，除写些稿子外，并替他教教课，学生和家长都很喜欢我，尤其校董谢竹筠先生更亲如家人，他有正义感，爱国家、爱民族，深不以英国人的帝国主义作风为然。这时中国共产党派了不少人来南洋，他们假借国共合作关系，攫取各埠华文报，散布他们荒谬言论，提倡阶级斗争，竟说只有阶级敌人，没有民族敌人，当时英国的殖民政府，歧视有色人种，对于我们华侨尤极压榨之能事，言论受限制、教育受限制，在欧战之后，突然宣布叻币贬值，华侨无法汇钱回国，这就等于平日辛辛苦苦余积的一点血汗钱，放在小口袋里，一下子被英国的大口袋提走了，谁能不痛心呢？所以我们主张华侨要团结起来，反抗帝国主义，我们要先求民族解放，然后求个体解放，与共产党阶级斗争，分化内部的主张，刚刚相反，经过多次辩论，以后我稿子常常登不出来，谢竹筠先生和许多侨领深为不平，就主张我办一刊物，以相抗衡。学校放暑假了，我就和唐校长一起去吉隆坡创办《南洋评论》了。

以一个青年又在外国，赤手空拳，要办一个刊物，谈何容易。不知哪里来的勇气，一面草拟创办刊物的章程，译成英文，并依照英国殖民政府的法规，申请立案，一面征求志趣相同的友好，如白瑜、董叔和李兼越、周维新等撰稿，至于经理方面，全由唐校长负责，没有多久，这一个反共而又有新思想的刊物出版了。一时洛阳纸贵，抢购一空，接连出了几期。蔚成一股反共爱国的巨流。那时 国父的三民主义还没有出版，我们无所秉承，只是凭良知说实话而已，慢慢有许多华侨青年都成了我们的读者，并请求要我们办一个学校，收容他们读书，于是我们又在南洋评论社附近租了一个大楼，名为南溟学馆，主修国学兼教英算，竟有学生数十人参加，都是一些有志青年，想先在这里准备功课，然后回国升学，我们上课都在夜间，有点像今日的夜间部，又有些像补习班，我教国文，还请了几位老师教英文数学，除上正课外，每周还有两次座谈会，可以自由交换意见。其中有由英文书院来的学生，听他们发音，非常奇怪，常把P字念为B字，譬如newspaper他们就读成newsbaber，又说英文课本中把中国形容成最落后的地区，男人拖着一条长辫子，拉破车，女人一双小脚，住的房子是破破烂烂的茅屋，意在造成华侨的自卑感，而甘愿作英国人的奴隶。谈到数学，他们都是死记公式，公式由何演算而来，则全然不知，有时我把以前船中汪先生教我的方法，讲给他们听，他们才恍然大悟。后来他们大多回国升学，并各有成就，这是我可慰的地方，不过我是一个报馆的特约记者，竟办起刊物来，本来是要出国求学的，今反作人家的老师，不是人之患吗？想来真胆大妄为，惭愧极了！

吉隆坡的《益群报》本由国民党的老党员彭泽民主持，此人糊涂透顶，竟变成了共产党的尾巴，把笔政全交给共产分子包惠僧、董方城两人掌管。于是《益群报》就成为中国共产党的根据地，为了掩饰自己，反而时常诬陷别人，他们看见《南洋评论》和南溟学馆都办得有声有色，更加眼红，就向英国殖民政府，诬告我们一状，说我们是过激派。旧历新年过了不久，有一夜，华民教育司司长渥凌（Worring）带了大批人员到我们南洋评论社和南溟学馆搜查，结果没有查到什么东西，只拿去一些教材和文稿。过了几天，他请我去谈话，还很客气拿出一本东方杂志，指着封面一张照片问我，认识这些人吗？他们都是共产党呀？我听了好笑，照片是国语推行委员会照的，想必又是共产党的恶作剧了。最后也只劝我的言论不要太激烈，好似没有什么了不得的事。不料再过几天，又要我去谈话，这次可不同了，他突然宣布殖民政府要我自由出境，并要我封闭《南洋评论》和南溟学馆。我问什么理由，他说《南洋评论》言论太激烈，南溟学馆没有立案，政府有权取缔，我说南溟学馆没有立案，关闭尚有理由，至于《南洋评论》是立了案的，何能随便关闭呢？而且你们英国人在我们中国也办有报馆，也办有学校，我们中国曾要你们关闭吗？真是太不公平了，说到这里，我内心十分激动，不觉流下眼泪来了。听说渥凌是属于英国自由党，比较还有点人情味，急忙起身向里面找一张椅子拿出来要我坐，并给我劝解一番，最后谈妥我可出境，但《南洋评论》不能停办，以后就交由黎忠烈、唐空（邮唐校长）两兄继续出刊，我则绕道雪兰莪麻六甲，游览一遍，而离开马来半岛了。

离马之日，我的心绪非常沉重，一则我深怕我艰难创办的《南洋评论》有停刊的可能，二则侨胞对我的热诚爱护，实在有些依依不舍，三则一事无成，回国也不甘心，想来想去只有到山打根再说，因为山打根离菲律宾很近，离香港也不远，如果不能去菲律宾，就回国也容易。好在英属各埠当时都是自由港（free bay），来去都方便，搭船先到纳闽，答谢这里侨领对我的关怀，他们常常来信，要我再来聚会。此时启文学校的校长是我介绍的李少禧兄，他是留法回来的，也要我去谈谈，来往北婆罗洲的船要半个月才有一趟。我在这里休息了半个月，再搭船去山打根，因为听说去菲律宾一定要有护照，亚庇我国设有领事馆。船到亚庇，我上岸坐车到领事馆洽询请领护照的手续，上午八时到领事馆，领事还没有起床，一直到十一点钟，他老先生才连打呵欠施施而来，原来此人有阿芙蓉癖，不能早起，又要过足烟瘾才能出来，谈了几句话，就听到船上放出催客上船的汽笛声，他说护照要到北京去申请。我白跑一趟，赶回码头，船已开了。好在亚庇是我旧游之地，侨胞们替我安排住处，一面打电报，请山打根的侨领林先生，于船到后，代为取下行李，我等下一班船才去山打根，又耽误半个月了。这都是这位烟鬼害惨了我，倘若他能早一点出来见我，不就没事了吗？于此也可想见当时的北洋政府的腐败程度了。

船到山打根，侨领林先生来接我上岸，并安排我住在华侨会馆。这会馆设备相当豪华，桌椅都是酸枝木的，环境也好，一眼可以看到海边，码头上人来人往都是中国人，只有极少数的马来人或黑人，参杂其间，英国人很少看见。侨胞们开了一个相当盛大的宴会欢迎我，席间要我讲演，我大致把来此两年的情形说了一遍，最后我的结论是，倘若没有我们华侨流血流汗，南洋至今还是一个荒岛，现在地方开发了，英国人赚饱了钱，反而歧视我们、压迫我们，实在太不公平了。有一位侨胞在酒酣耳热之时，大声疾呼地说，英国在北婆罗洲只驻有一排军队，只几十人，我们随时可以把他消灭，看他怎么样？我就说，这可使不得，因为英国有强大的海陆军，随时可以增援，而我们腐败无能的北洋政府能给我们后援吗？所以我们国内国外的同胞，只有团结一致把国家弄好，像日本人一样，他们敢欺负他吗？奉承还来不及呢！

山打根和菲律宾常有船来往，夜间有时还可望见菲律宾最西端的灯光，可是我不能去，真是望洋兴叹呀！有时看见由澳洲开来的船，乘客上岸休息，手上都拿着冬天的大衣，可见澳洲已到冬季。南洋是热带，四季不分，只靠日历指示，转眼来这里又好几个月了。菲律宾既去不成，回国又不愿意，平日只以读书写作消遣，或到这里两个华侨学校走走。吉隆坡常有信来，最初还说可以维持，后因我写的稿子不准登载，一般不痛不痒，可有可无的文章，读者又不感兴趣，终于不受社会欢迎，销售量既少，广告也没有了。黎、唐两兄急于催我回去，同时我住在华侨会馆，夜里被臭虫围攻，常常不能睡觉，日久酿成严重的失眠症，更非换一环境不可，因此又回马来半岛了。

到吉隆坡的第二天，我去华民教育司见渥凌，他大吃一惊，说你怎么又回来了呢？我开玩笑说，我以前是自由出境的，现在自由入境了，他连忙说不行！后来我说，以前我出境的时侯，申明要保存我的刊物《南洋评论》，现在有停刊的危险，所以我来挽救它，一办好了，我就离开此地。他考虑了一下，就说，自由出境是一种礼遇，希望你在一星期内办完你的事，否则你就会丧失自由了。我回到社里和黎唐两兄商量，最好办一个印刷所，随时可以出刊物，一个停刊又来一个，把基础放在印刷所里，就不怕风吹雨打了。而且印刷所可以赚钱，正好弥补刊物的费用，大家赞成。过了几天，我就去新加坡着手筹备印刷所。此时我一位多时未见的船中下一班的同学韩竹痕忽又出现，此人于我初来南洋时曾在新加坡见过一两次，他是奉陈独秀之命来游说我的，此时又旧调重谈，要我和共产党合作，至少不要反共，要不然就会有麻烦。我说信仰是不能勉强的，不过大家都是中国人，最好不要落井下石。果然《益群报》这批人于我去新加坡后，竟借刀杀人，伪造了很多煽动暴乱文件及书信，都有我的姓名在内，放在一个租来的房子里，一面密报华民政务司司长泽民（华人称他鸡毛扫，是一个凶暴傲慢的人），英人愚昧无知，信以为真，按址前往搜查，看见这些文件就认为是过激派的铁证，而把南洋评论社封闭了，并行文到新加坡找我查问。恰好这时英国太子爱德华八世因报聘日本，路过南洋，到缅甸时，缅人对他非常冷淡，华侨待以客礼，组团向他致敬，不料这个混蛋，反开玩笑地说："你们很好，准你们开赌三天好吗？"报章登载，这是对我们华侨的极大侮辱。我撰文在二家华文报（不记得是何报了）发表，说他侮辱人家，即是侮辱自己，不配做一个皇储，而是一个流氓。这样我又罪上加罪了。我到新加坡是住在南荣旅社，写的是一个假名，殖民政府到处找我，我不晓得。有一天老友白瑜兄对我说，他有个学生的父亲是个包探，说英政府要找袁先生和白先生，并且要我们搬到他家里暂住，避避风险，我去了他家一趟，他父亲是在南洋出生的，不会说国语，但很热诚很爱祖国，母亲是马来人。我觉得住在他家也不是办法，而且一旦发现，他家也要受连累，不如住在旅馆，等他们来捉好了，反正我没有什么了不得的事。隔了几天，我和几个学生到隔岸柔佛去游览，这是一个小国，有一个很具规模的清真寺，又有一个大公园，以保护鸟类闻名，公园内各种鸟类都有，它们可以随便走来走去，竟然坐在人的身边也不怕，这里杀一只鸟与杀一个人同罪，所以鸟类都以此为乐土了。我们游罢归来，一进旅馆，茶房就对我说，你的行李被华民政务司拿去了，我立即前往交涉，取回行李，但全部文稿被扣留。我回到旅馆又住了几天，一天清晨，不过五六点钟，听见有人敲房门，开门一看，来了几个警察，并有一位官员对我说政务司要我去谈话，并要把行李带去，我就意识到要被拘留了。到了华民政务司，就被宣布要驱逐我出境（banish for life），我问什么理由，就说是为了我的言论不合殖民政府的规定。我说我的言论都在政府立了案的报刊发表，有什么不合呢？政府核准立案于前，又反悔于后，何其矛盾。对方无言可答，只说你若不服，可于两个月内上诉，现在请你到拘留所去暂住，于是我进入监狱的优待室。这座监狱规模很大，内部整齐清洁，我想起阿房宫赋中“廊腰缦回，檐牙高啄，高低冥迷，不知西东”数句堪可比拟。优待室内一人一室，每日只早晚开门各一次，可以出去洗面洗澡或溜跶溜跶。吃饭分两种，白人吃西餐，有色人种吃马来饭，用手抓。我拒绝进食，狱吏问我何故，我说我们中国人吃饭要用筷子，不能用手抓。狱吏说这里没有筷子,改吃西餐如何,我说勉强可以。吃饭问题就此解决，间或友人送来食物，更不成问题了。最可恶的就是星期日或假期，狱吏要休息，只早上开门一次，下午不能出来，苦闷得很难受，尤其中国旧历新年到了，英国人也跟着中国习俗大放其假，要休息一个星期，外面时常传来锣鼓鞭炮之声，而我坐在牢里更加难受。大约经过一个多月，一天典狱长来看我，说我如接受驱逐出境，就可出去了。我说可以出境，但我有些意见要请他转告七州府总督（英国驻南洋总督），他说很好，我写了一封长信是用中文写的，历述我国是爱好和平的国家，华侨对于南洋的贡献，而英国政府反处处压迫华人，真是无情无义。日本人在南洋为所欲为，他们开设的照相馆、镶牙店乃至娼妓酒女都是间谍，而英国政府反认敌为友，将必自食其果。我晓得他们对我很重视，一定会把我这封信翻译出来。我出境之前要到办公厅签字，许多狱中职员都竖起大拇指称我很能干（very clever），平日常和我相见的狱吏并要我各送一张签名照片以作纪念。第二次世界大战，日军占领新加坡，果然把许多英国人关进这座大监狱里，并要一些英国人在街上拉人力车，载着东方人兜圈子，果然自食其果。日本人从来不大做好事，总算这件事做得不错。

英国殖民政府替我买了一张头等舱的船票，并送十元叻币作我零用，由两个马来兵送我上船，并守在门口，我向他们指责英国人的可恶可恨，他们也有同感。马来人本来矮小，但这两人特别高大，可能是混血种。船快开了，他们向船长交代妥帖才下船而去，并向我挥手道别。在船上常常受监视，吃饭也要在房间里。到了香港，又等香港警局派人来接，上岸后问我要去哪里，我说要去广州，不料竟有一个办事的华人故意向英国警官献殷勤，说我是上海人，应去上海，因为那时从香港到南洋各埠都有一种习惯，除了广东福建两省人外，都称上海人，所以要我去上海。我呵斥他，当即写了一封信给香港英国警察总监，说明我是湖南人，离广东很近，所以我要去广州，第二天才准我去广州，又由香港警察派人送我上船，送我六元港币作零用钱，从此我就回国了。南洋之旅一事无成，留下酸楚的回忆而已。

（八）日本来去

当我在新加坡被拘留之初，曾有许多侨胞要请律师为我辩护，拒绝出境，我说拘捕我的是英政府，要上诉必在英国的法院，与虎谋皮不是白花钱吗？而且我因宣传民族思想被捕，更可激发侨胞的民族意识，出不出境则无所谓了。当时适有一位留法回国的罗先生经过这里，深表同情，回到广州就报告廖仲恺，并由廖先生报请 国父设法营救，所以我得以提前开释，这话我在新加坡就已听见，到了广州，我去惠州会馆（当时的中央党部）见廖先生，面致谢忱，廖先生对我很热忱，要我入党，并为我安排工作。此时正在中国国民党第一次全国代表大会之后，颇有一番新气象，但我有些问题要想请教戴季陶先生，再来决定入党与否。廖先生说戴先生回到上海去了，不久即可回来，没有多久，戴先生回来了，住在廖先生家。戴先生的革命思想我向极佩服，但以前还不曾见面，在廖家一见就谈了一个多钟头，我把在南洋的情形说了一遍，并说共产党徒加入国民党后患无穷，他说他们是以个人身份加入，要接受我们的党纪，遵守我的政策，我说共产党是信奉唯物史观的，只有利害关系而无信义道德可言，戴先生说，惟其如此，我们更希望青年加入本党，以健全本身而免被其喧宾夺主。后来并谈了当时桑格夫人来华提倡节制生育问题，我们意见并不一致，他最后说了一句话："这个问题，你还年轻不会了解，你过了卅岁再说。"他和廖先生一样要我入党，我还要考虑，他就说现在本党正在黄埔创办军校，你去帮帮忙好吗？我答应了，我于五月廿八日到军校，当时军校还在筹办时期，校长是先总统 蒋公，廖先生担任党代表，戴先生当政治部主任，并由胡汉民、吴稚晖、邵元冲诸先生当政治教官，政治部和党部在一起办公，职员只有三人，甘乃光当秘书，我当书记（此时已由廖、戴两先生介绍入党，专办党务），何玉书当司书。后来共产党把戴先生逼走了，邵元冲先生代理了一个时期，周恩来来了，改组政治部和党部，把我调到政治部当编纂股长，而以李之龙当党部书记。李是冒失的共党分子，后竟闹出中山舰事件。我在政治部受尽共产党的排斥压迫，校长调我到办公厅当秘书兼校史编纂委员会的总编纂，经常替校长整理讲演稿（当时还有一位速记林春华帮忙，他是用符号录音，然后翻成文字，有时文理欠通，故须整理），常常忙到深夜。我自在菲律宾得了失眠症以后，一直未愈，到了军校更常通夜不能睡，同时又得了疟疾，身体瘦弱不堪，党内因共产党挑拨离间，军校学生中也有强烈斗争，我们当时一面要联俄，二面又要反共，真是艰苦万分。幸赖校长卓越的领导，克服了无数的困难，终于达到军校学生不准跨党，可以党外合作，而我已筋疲力尽了。

我在军校期间，还时常练习英语，有时和外国顾问聊聊，有一次校长及各级主管和俄顾问开会，而英文秘书张静愚适不在校，无人翻译，硬要我充当，我说不行，大家不信，后因校长派人来请，不得不去，一谈到机械兵器等技术问题，我竟茫然不知，尴尬而出，我受此打击，更加深出国进修之念。民国十五年北伐随军到武汉，我就请假去日本，一面医病，一面读书了。我有一位堂兄名学海，留学日本十几年，久已得了硕士学位，现正在东京帝大进修博士，他介绍我住在肥沼方，并带我到一个日文补习学校补习日文，有时夜间他还来和我练习日语，好在日文只要把几个字母读熟弄清之后，看书就很容易，而且社会科学越高深的书中文越多，所以没有多久我就可以自己看书了。为了进修起见，我在日本大学选了几门功课，看不懂时可以请教堂兄。正是有些进步，我又无意中卷入党争了。因为东京有本党总支部，党员分为两派，反共的一派以西巢鸭为总部，亲共的一派以青年会为总部，常常冲突。反共的主张北伐，亲共的反对北伐，双十节时在青年会开会庆祝，还请了日本名流犬养毅来讲演。两派竟对着外宾大打出手，那时中央党部的海外部是由亲共分子彭泽民、许苏魂等把持，事事袒护亲共派，我大为不平，就写信到组织部为反共派辩护，这样一来，就变成以前在南洋的情形，和彭泽民等誓不两立了，所以我不但不能专心读书，更加深了我的失眠症，而极度神经衰弱了。

医师一再告诉我，医治神经衰弱，最要静养，平日来来往往的人太多，更易引起神经紧张，光吃药也是无效的。于是我决定搬往乡间居住，恰好有一位好友苏绍文兄住在中野，那里环境很好，来东京有高架铁路很方便，我就搬到中野去了。为了避免麻烦，没有把新住址告诉别人，对肥沼方房东也说我是回国去了。不料没有多久，有一位日本警官忽来访问。问我是不是从肥沼方搬来的，并说原住肥沼方的袁先生说已回国，但查遍港口并未出境，而这里又有一位袁先生搬来，所以他们就意识到我就是那位原在肥沼方的袁先生了，我只好坦然承认，因避免麻烦故搬来这里养病，好在苏绍文兄刚刚在我这里，他原籍台湾，日本语文都好，说得非常近情近理，大家一笑便了，可见日本警察办事如何认真，这一点是值得我国效法的。

我在中野住了几个月，除星期日外，几乎每日都来东京看病或听课，但身体越来越坏，神经衰弱不但没好而且加深，有时一夜上厕所十几次，电灯关了又疑心没有关，双手经常震颤，头脑昏昏沉沉，好像要发神经病似的。我住的房间是货间，房东是一个冷酷无情的老人，他只有父女两人住在楼下，楼上有两三个房间，我租住一间，还有一个韩国人也租住一间。这位韩国人经常和房东吵架，咆哮如雷，我有时和来客谈话，声音稍微大一点，房东就写条子送上来，请我们小声一点，后来我也不客气了，他和韩国人吵架的时候，我也写一张条子请他安静，弄得他怪不好意思。我除租房子外，伙食也包在他家里，日本料理真难下咽，经常吃不饱，不得已时到外面吃吃西餐或牛窝（一种边吃边煮的牛肉小锅），后来才晓得医治神经衰弱，最要健胃，胃口好了，神经衰弱不治而愈。二则心情关系也很大，我和共产党斗了许多年，几乎我到哪里就斗到哪里，真是结了不解缘。忽然好消息传来了，国民革命军克复南京了。接着，中央宣布清党了，接着总司令 蒋公来电要我回国了，这一连串的喜讯不叫我大大的开心吗？心情一好，神经衰弱也好多了，立即准备回国。临行之前，还去庆应大学医院看医生，我问医生："像我这样可以回国服务吗？"医生反问我："比如有一个人，右手拿补药，左手拿毒药，你看好不好？"但我不听他这一套，还是决定回国。启程之日车站来了许多送行的朋友，我一一道别，正登车时，苏绍文兄发现我住在中野的那位房东也来送行了，我不得不和他握手道别。这是客气呢？还是虚伪呢？朋友问我行李带齐没有？我清查一下只有一双象牙筷子没有带来，后来竟先先后后寄来十几双象牙筷子，这又是怎么回事呢？

在日本整整度过一年，我没有得到任何益处，只对彼邦人情风俗有点肤浅的认识而已。一九五四年我代表台湾糖业公司去日本开会，商议合组糖蜜公司事宜，承日方盛意款待，游览各处名胜古迹。东京上野公园有一座西乡隆盛的铜像，以前我住在肥沼方时，常来这里游憩；这次再来一看，好久找不着，后来找到了，又不像，因为我觉得这座铜像太年轻了，再看碑文确是西乡隆盛的铜像，原来是以前我才二十多岁，所以觉得他老，现在我老了又觉得他年轻，世事变化之快，真不胜沧桑之感。一九六三年我任经济部中国渔业公司董事长，当时我国正想发展远洋渔业，拟和日本技术合作，日本竟要我国赔偿在大陆沦陷时被弃的几艘大渔船。我国在总统 蒋公以德报怨的伟大号召之下，放弃大战时日本应对我们付出的赔偿巨款，而十几艘渔船反要我们赔偿，未免太气人了。后于层报上级停办了事。日本人太聪明了，处处要占便宜，现在又在美俄之间、“匪”我之间，投机取巧，将来是福是祸，还不知道呢！

（九）后话

时代的变化真是不可想象，尤其我们来台以后，数十年间经济繁荣，教育发达已臻突飞猛进之境，举世视为奇迹。此时青年只要有志求学，处处都有机会，国内固然有许多职训专科及大学都有公费或奖学金，可以免费升学，甚至还有日间工作，夜间读书的夜间部，如要出国进修，也有公费留学及奖学金可资利用，此视以前求学的艰难情形，真有天壤之别，可是人在福中不知福，现在还有不求上进的人呀！我来台后，因病因事前后去美国五次，每过大学之门，顿兴失学之叹，倘若早年有一机会那该多好呢？昔岭南大学校长钟荣光先生曾自挽云：“革过命，无党勋，留过学，无文凭，作过官，无政绩……”我虽不才，亦颇类是，但钟先生尽瘁岭南，作育人才众多，而我一无所成，徒然劳碌奔波，能不愧死！去年我八十整岁，友人要发起为我祝寿，并已做好寿序，对我赞扬备至，说我文官做到简任，武官做到中将，身为中央民意代表又膺国营事业重任，岂非文武兼资，得天独厚者乎……”云云。我看了不禁汗流浃背，坚决谢绝说，这简直是骂我嘛！我虽滥竽公职数十年，究对国家有什么贡献？而且我家祖训向不做寿，我更不敢违背。此议遂止，但仍有少数友好送来祝词，我都藏之密室，不敢挂出，只书一联自遣云：“一事无成身未死，空留怆怀满人间”。

三、癌症与我

（一）前言

“癌”是一个多么可怕的名词，碰上它的人，往往难逃一死，所以有人叫它是吃人的恶魔，也有人叫它是杀人不眨眼的刽子手，可是我和它纠缠了二十几年，幸而还没有死。这是奇迹呢？还是折磨没有受够呢？

因为我是癌症的劫后余生，所以很多同病的人，或者他们的亲友，都纷纷来问我治疗的经过，很多医师更把我的病历和医疗报告，视为至宝，常常向我借去，照抄一份，以供参考。前几年我到美国去整补癌症愈后的缺陷，医师们都很惊讶，说我是幸运者，好福气，竟能死里逃生。在医院里，常常有大群医生团团围着我，口讲指画来看这个他们所认为难得的活宝。

世界上竟有如此众多的人，关心这种病，使我觉得有责任，应把我从患癌症起到病愈以后的经过和感想，作一篇详实的报告，呈献于畅销全球中外杂志广大读者之前，一则可免个别答复各方来问的信件，二则借此对救我脱离死亡的医师们表示一点敬意，虽然我不懂医学，在技术方面，不能赞一词，但病患身历其境的感受，不徒大众乐闻，医师们也是很重视的。

（二）我竟害了鼻咽癌

就部位而言，我患的是鼻咽癌，俗又称广东瘤。患这种病的人，东方人比西洋人为多，在中国来说，南方人又比北方人为多，台湾在中国的南部，所以患鼻咽癌的很多，死亡率也非常之大。再就癌症的细胞组织而言，我患的是菱形细胞癌（squamous celled carcinoma of the nasophaynx），是一种毒性强烈的癌症。

我在民前十一年出生于湖南省汝城县（与广东省的乐昌、仁化两县为邻），自幼体弱，胃口不好，但无大病。稍长出外求学，由郴县而长沙，而上海，也没有病过，民国十一年在南洋槟榔屿害过一次伤寒病，几乎死掉，幸承《光华日报》总编辑易倩愚先生（川人）以中药给我治好。民国十三年回国，初入黄埔军校政治部工作，后调校长办公室秘书；兼办党务，日夜均忙，又害疟疾，体力消耗过巨，遂患严重神经衰弱。民国十五年往日本休养，次年又奉召回国。回国的时候，我两只衣袋还是装满了药水药片，我问一位日本医生，像我这样能回国工作吗？他说："这就好比一只手拿补药，一只手拿毒药呀！"可是我回国以后，看见中华书局出版的一本《神经衰弱治疗法》，内说治疗神经衰弱要从健胃着手，胃口好，身体好，神经衰弱自可不药而愈。从此我才稍微注意饮食营养，果然久而久之，体力日充，神经衰弱也就消失了。自此而后，体重增至六十五公斤。十年没有大病，只是容易伤风，常常鼻塞流涕，咳嚏大作。有时喷嚏不停，搞得四邻不安。有一位邻居的老太太说："袁先生样样都好，就是喷嚏受不了。"我在南京一伤风，常常几个月不能好，中医西医都无效，好在不发烧，饮食工作照常，也无大碍。有一次拖得太久了，不得已赶回长沙，请中医余华龛先生轻描淡写开几味药就好了。民国二十六年抗日战起，我全家搬回长沙，一位段先生听见我说话的声音与前不同，大为讶异，而我毫不介意，谁知道这就是我后来得癌症的信号呀！

民国二十七年我全家入川，民国二十九年我奉调到前方服务，民国三十一年我回重庆，直至民国三十三年，身体都无异状，不过照旧容易伤风。民国三十四年七月二十九日因身体不大舒服，喝了一点酒，想驱散风寒，不料素不饮酒，一沾便醉，送客出门的时候，一跤从楼上跌到地下，幸而没有受伤，但是伤风加剧，呼吸困难，咳时气阻，几至昏绝，听觉也渐失灵，体重减轻，后服中药，伤风稍愈，但觉咽喉硬化。有一次陈司令长官（诚）招待我们在嘉陵宾馆茶会，我座次和他很近，竟听不见他的发言，心知有异，曾请当时在重庆颇有名气的耳鼻喉科许医师检查，他也说不出是什么毛病。在这一段时间，夜间就寝脱身上毛线衣时，常见有电光闪着，直至我癌症痊愈之后，这种电光才不再见。人们夜间脱身上毛线衣时是不是都有这种情形呢？还是患癌症的人所独有或特甚呢？这是一个疑问。我问了许多医师，他们都不能解答，也许他们不大注意。其实这个疑问未始不值得特别研究——尤其在这尽力寻找癌症病源的时候。

民国三十五年还都南京，我任国防部文职人事司司长，兼中央训练团甄训考核组组长，前者负责审定军事机构文职人员的员额和资格，后者负责训练并考核分发退除役军官转入文职部门工作，我是二者之间的桥梁。那时正当胜利复员之后，有十几万退除役军官需要转业，这个重担恰好落在我这个病人身上，不过表面上我还硬朗，我曾向国防部林次长（蔚）恳辞，仍要我勉为其难，只好苦撑下去。有一天我陪同中训团黄教育长（杰）到考试院去，视察复员军官转业考试的分发情形，（因复员军官转业考试委员会借考试院大楼办公）在问体亭前，洒了几滴雨，当时就觉得头部疼痛，鼻孔阻塞，舌头说话也不大听指挥，回家取镜照视，才知舌已变厚，并弯向右方，胃口亦差，饮食渐减。七月二十六日到中央医院检查，验血无毒，点通鼻药水无效。九月十一日再往中央医院照 X 光片，也不见有何病状，萧医师问我可否住院几天，作切片检查，因当时正忙，抽不出时间来住院，切片也就作罢。后来改服中药，不但无效，且使病势恶化。十月二十六日深夜，鼻孔大量流血，流得满床满地，痰盂面盆都是血，真是一场大血战，后来流血停止了，我也真的病倒了，头痛得非常厉害，鼻不通气，全靠口腔呼吸，嗅觉味觉听觉都已消失，说话更含糊不清，肚子很饿，而不会咽下食物，等死而已。

（三）镭锭医院与吴医生

在这彷徨无主的时候，到处打听名医，我司里的副官胡培德极力推崇上海耳鼻喉科医师李冈，说他经验最多，诊断最准。十一月二日由内子陪同乘飞机去上海，十一月四日李冈医师检查，一看便说："这是鼻后腔生瘤子，偏右，我不能医，须速往红十字会医院诊治，一则他们有病理化验设备，二则他们有镭锭。"十一月五日入住红十字会医院，初步检查，未得结果。十一月七日由耳鼻喉科主任王鹏万医师动手术，取出鼻咽内之组织两小块，以供切片检验之用。我七拼八凑，并预借了两个月的薪俸，带了几十万元法币去上海，原拟作医病费用，不料法币贬值，一泻千里，只住了几天，医病还没有开始，钱就花光了，同时医院方面也说，切片检查报告至少要两星期以后才能出来，在报告没有出来以前，住在医院也无事可做。十一月十二日就带着怅惘的心情而返南京。

大约在十一月下旬，接到上海红十字会医院转来上海医学院所作的切片检查报告，断定我是患菱型细胞鼻咽癌，要我速往上海镭锭治疗院（RAD IUMINSTITUTE 简称镭锭医院）求治，这是给我多么严重的打击呀！第一、癌症在当时都视为绝症，治愈率极低，百人中难得几人医好，我何敢指望我就是这几人中之一呢？而且国防部同事第四厅厅长赵一肩，和我同病，不久以前，送到上海镭锭医院，不过几天就死了，我更体弱，何能例外。所以当时亲友都悄悄地要内人替我准备后事。第二、上海镭锭医院是中比合办的，收费极昂，我一个月的薪俸还不够住两天，加上照深部 X 光、上镭锭等以美金计算的费用，更是无法负担。幸亏老友联勤总部军医署署长陈立楷兄、卫勤司副司长毛懋猷兄都有爱人如己，痌瘝为怀的精神，尽力替我想办法，终获层峰的特许，所有医药费用由公家实报实销，竟使能往上海镭锭医院就医。陈立楷兄现已退休，他在艰难困苦中，建立起我国庞大的三军医疗机构，遍布全国，除千千万万的伤患官兵得救外，并扩大为民众服务，真是功德无量的万家生佛。毛懋猷兄是一位虔诚的耶稣教徒，平日热心传道，几年前无疾而终，也是几生修来的善报。我在此再向他们致无限的谢忱和敬意。

因为我具有军人的身份，应在军医院医病，而当时的军医院没有治癌设备，依照规定，要办转院手续。先由上海陆军总医院向镭锭医院接洽好了，我于民国三十五年十二月三日由内子陪伴乘飞机往上海，另有副官胡培德及卫士一人则先到上海，邀同陆军总医院派车到机场迎接。当夜住陆军总医院，院长王士成和国防医学院教育长张建都来看我，款待甚厚。第二天因为镭锭医院还没有房间空出，仍住陆军总医院，由陈吴两医官详询我的患病经过，并仔细检查，第三天，即十二月五日，镭锭医院空出了一个头等病房，要我搬去。胡副官急忙地来对我说，就是以前赵厅长住的那个房间。胡副官说话没遮拦，使人听了好不开心，但我泰然，自度必死之人，住进死的房间，可谓死得其所，倘又不死，那是意外事了。只好硬着头皮，去碰碰运气。随即检点行囊，驱车而至镭锭医院。这医院规模并不太大，但设备精美，布置豪华，是一座三层洋楼，只有头等病房四间，二等病房五六间，普通病房也不过几十张床位。可是后院宽敞，大得惊人，约有十几亩地，四周种植花木，中为草坪，青翠如茵，大门在林森路（就是以前法租界的霞飞路），是高级住宅区。因为这是比利时退还庚子赔款所办的医院，所以才有雄厚的基金，买得起一个又大又好的地方。听说在当时全世界作医疗用的镭锭只有十四个半克朗母（Gram），这里就有两个半克朗姆，堪称东亚拥有镭锭最多的一家医院。院里有董事会，为最高管理机构，院长是一位留法留英，并在英国担任放射治疗多年的中国医生吴桓兴博士。医务由他亲自主持，大家都叫他吴医生，他是广东梅县人，早年毕业于上海震旦大学，和他同学的妹妹订了婚，一出国就十几年，最近才回国预备结婚，恰好镭锭医院需要有一位好院长，就请他担任。他对放射治疗既有深邃的研究和丰富的经验，对于病患，尤具热忱，亲切负责，使人如沐春风，真是一位术德兼修的好医生，在他未到院以前，不知白白死了多少病人。因为放射治疗是要有高深的数理基础，才会使用，用得好可以救人，用得不好也可以杀人。我来住院，正是他当院长，接事还不过几天。这是我的幸运，也是我没有被癌症吞噬的主要原因。人的生死，其间只隔一发，好险呀！

（四）治癌如剿匪的理论

当我住进镭锭医院的第一天，例须做全身检查。我的体重只有四十五公斤，比之以前掉了二十公斤，可说骨瘦如柴了。头痛得非常厉害，夜间吃安眠药，睡着了，也会痛得醒起来。舌歪向右弯，味觉全失，不知咸淡酸辣，口不能说话，吞食物也很困难。鼻塞不通气，嗅觉也没有了。耳咽管阻塞，听人说话很不方便，但拿手表贴放耳朵旁边，还能听见秒针的摆动声，证明听神经还没有坏。除这一般的检查之外，吴医生特别注意我的颈部和眼睛。他很仔细地按摸我颈部，看看有无硬块，幸而没有。如果颈部有了硬块，就是鼻咽癌已转到颈部，再往下转到内脏，那就麻烦了。他几次伸出一只手指在我眼前摆动，问我是一个，还是两个，我答是一个，他放心了。他说如果一只手指看成两个，就是鼻咽癌已向上侵入眼部，再向上就入脑部，更无救了。幸而我的癌症还是原发性的，没有转移，较好医治。吴医生检查完毕之后，并邀请了几位名医来会诊。一位是上海红十字会医院耳鼻喉科主任王鹏万医师，一位是上海陆军总医院王士成院长，一位是国防医学院张建教育长，他们就在我病房会商医疗方法。因为我病房很大，设备也非常考究。内有大小相同的弹簧床两张，供病人和陪客之用，有高级沙发几张，有圆桌书桌各一张，上铺丝绒台布，置花瓶，插鲜花，又有浴室，佣人房和凉台，凉台上放满花盆盆景，靠凉台的一面是落地窗，窗帘由顶至地，可开可阖。墙壁也有花饰，配以各色美术灯，华贵极了。那时虽值严冬，而暖气开放，温暖如春，所以有一位朋友来看我，走进门就惊讶地说："这是一座皇宫呀！哪像医院呢？"又因为癌症不是传染病，所以医生和病人非常接近，常常食同桌、坐同席。他们几位医师会商医疗方法，我和家人都在场，吴医生主张先照深部X光，先把患部四周的癌细胞搜索，使它集中在一点，然后上镭锭扑灭之。我因为只晓得镭锭是癌的克星，急盼上镭锭，以解眼前痛苦，同时医生当中，也有人说，我身体已极衰弱，恐怕经不起X光的照射。因为深部X光的杀伤力极强，无论好细胞，坏细胞，都有玉石俱焚的危险，而镭锭只破坏细胞，而于好细胞无碍，所以也以先上镭锭为妥。吴医生说，这是旧理论，旧方法，治癌有如剿匪，应使它化零为整，然后众歼，如果先上镭锭，固然一时觉得舒服，但癌细胞跑散了，此剿彼窜，反难根本消灭，再发就无救了。至于照深部x光，他自信有把握，可保安全。说完，大家无异议，我也只好信赖吴医生，即日开始照深部x光，每日上下午各一次，均由吴医生亲自校准位置深度和时间，照了几天，头痛已止，再过几天，鼻子较前通气，照了两个星期，解小便时已能嗅到尿味，这给我多开心呀！我好久以来，鼻子闻不到香臭，常常梦到花园里，看见很多美丽的花，但鼻子闻不到香味，醒来非常难过，今日已能闻到尿味，当然也能闻到香味，正如瞎子一时突见光明一样，心里高兴极了，急忙告诉吴医生，我已恢复嗅觉了！再过了几天，听觉也渐恢复，手表不要贴靠耳朵，离开几寸，也能听到秒针的摆动声，说话吃东西也比以前方便，但是胃口不好，尤其不知咸味，总觉得菜里没有盐，至于舌头也没有以前那么厚，那么歪。我问吴医生，可以上镭锭了吗？他说："不能，不能，一定要等舌头伸出来，完全正直，一点不歪，一切病状消失，然后才可上镭锭。"一直等到民国三十六年一月九日，一共照了深部X光六十三次，一切病状没有了，舌头也正了，才上镭锭。

镭锭是包在两个金属套子里面，长约一英寸，由右鼻腔放入，系以金属线挂在鼻孔之外，贴上胶布，使其固定，从下午二时半开始，放到第二天下午三时半才取出来，整整一天又一小时，鼻子里塞着一些硬东西，自然觉得不方便，医院里还是要我照样吃东西，一日三餐（全是上等西餐，改吃中餐也可，也是上等好菜），又有下午茶点，但是我因胃口不好，吃得很少，而外国护士一定要我吃饱，她说，吃不饱，抵抗力更差。有一次我给一份西餐给卫士吃了，护士发觉，大为光火，狠狠地骂了卫士一顿。从此我只好蛮干，硬往口里吞，好在只要能吞下去，消化是不成问题的。镭锭取出后，自己不觉得有什么好坏，过了几天，左下巴里面有一颗小核，吴医生说可能是上镭锭以后的反应，为预防起见，在下巴外面上了一次镭锭，这是小粒状的，外用胶布粘贴在下巴上，一连要上四整日。其中有一日电影院放演居里夫妇发现镭的经过，我因为身受其惠，要去看看，吴医生说，依照医院规定，病人不能带镭锭外出，于是把镭锭取下来，等我看完电影回来了，再又放上去。四天期满，这颗小核果然消失了。此时已无任何病状，只是不知咸味，把酱油放在口里，也不觉得有盐，不知是什么缘故，吴医生说，没有关系，日后自会复原。

（五）脸皮厚与老花眼

自上两次镭锭以后，在医疗方面，可说已经完成。但吴医生还是要我多住几天，看看有无变化。我急于要出院，一则住院太久了，耽搁了很多公务，二则在医院里耗费太大。那时法币暴跌，医院收费，几天就调整一次，我每次看见我们的军需拿着一大把、一大捆的钞票送到医院来，我就一阵心痛。我曾几次要求改住二等病房，他们都不同意，说头等病房和二等病房的住院费所差不多，身为中将，应住头等病房，方合国家体制。至于治疗费用头二三等都是一样。那时还没有钴六十，只有镭锭和深部X光，镭锭是没有什么消耗的，一颗镭锭可用上一两千年，不过它是稀有金属，大家等着要用，因为时间宝贵，所以收费很高，至于深部X光所用灯泡是从美国买来的，一只灯泡要花五块美金，用得好可用十次八次，用得不好，用一次就炸了，所以也很贵，我一住就一个多月，不知花了国家多少钱，罪过，罪过！所以我以后无论在什么地方工作，都没有嫌待遇少，因为我的生命是国家花钱从死神手里赎回来的。

民国三十六年一月二十八日，吴医生说，我一切都已正常，体重也已略增（四十九公斤），可以出院了。我高兴得很，向他和全体医师护士道谢，想不到他们竟异口同声地谢谢我。我问为什么？他们说："我们难得一个像你这样合作的病人呀！"的确！医院里常有些病人很难对付，要他照X光，他也怕，要他上镭锭，他也怕，要他打针动手术，更怕得发抖，或者大叫大闹，好像宰猪一样。甚至有些病人刚好一点，夜里就溜出去打麻将，一打就是通宵，第二天当然头昏脑涨，又怪医生不好。还有些皮肤过敏的人，一照深部X光，就会烧烂，满脸斑驳，非常难看，我照了六十三次深部X光，毫无痛苦，脸上虽略呈黝黑，但没有烧坏，吴医生对我说："你的皮肤真好呀！"我说："不是皮肤好，是脸皮厚呀！"引起在场的医师护士们哄堂大笑。

民国三十四年，我四十五岁，开始戴老花眼镜，入住镭锭医院的时候，当然也是戴着老花眼镜来的，可是照了深部X光以后，渐渐就把眼镜放下来了。上了镭锭出院以后，更是完全不用眼镜，至今二十几年，还是不戴老花眼镜，这是什么原因呢？难道放射治疗还有恢复视力的副作用吗？我自患癌症，自度必死，幸而未死，又多活了二十几年，这是我生命中的外快，而这二十年不戴眼镜，又是我生命中外快的外快了。这不是奇迹吗？有人说原子能有返老还童的效力，美国原子弹轰炸日本广岛以后，有些早已停止生育的妇女也生起孩子来了，这是科学的奥秘，将来原子能的研究发展，对于人类社会的影响，还多得很哪！

（六）出院以后又再住院

我出院的时候，吴医生特别关照我，癌症好了，要五年不发，才算是断根，并约定我一个月要来上海检查一次，看看情形如何。民国三十六年二月十六日赴沪检查，仍住镭锭医院，吴医生说，鼻腔内似有一块破肉，应取出，二月二十二日往红十字会医院，请王万鹏主任检查，认为没有关系。翌日回京，四月三日再赴沪，带去匾额一方，上写“惠我再生”四字，送给吴医生，略表谢忱。此时吴医生已结婚，留我在他家里吃饭，夫人很贤淑，饭后畅谈。吴医生出国留学十几年，其中在英国担任放射治疗医师也有好几年，可是只能余积四五千美金。那时上海租房子很难，动辄要顶费金条几十两或美金几千元，吴医生带回这点积蓄，只够顶一层普遍公寓，结婚费用就没有了。因此迁延不决。后来还是有位亲戚关系的小伙计替他先垫了几千美元，顶来一层公寓，逼得他非结婚不可。钱当然还给小伙计了，但是吴医生非常感慨地说：“我在国外辛苦了十几年，所余不过几千美金，而这位青年何以得来这么多钱呢？真是赚钱不费力，费力不赚钱呀！”其实这就是我们大陆所以沦陷的原因之一。那时“共匪”正在千方百计破坏我们的财政金融，一面鼓动人民抢购黄金美钞，一面渗透金融机构，勾结不肖之徒，盗卖后门货，所以有许多能搭上一点关系的人，一转手之间，就成暴富。这个小伙计的财源当然也不外如此这般，不过比之那些大牛，又小之又小了。这虽然是题外话，前车之鉴，也值得我们今后警惕。四月五日搭火车回京，吴医生夫妇同行。他们到苏州下车，他说如果事忙，难得来上海，就在南京找医生检查也可以。

五月三日往某大医院挂号，请耳鼻喉科主任检查，可是他没有来，由另一位医师代理，这位医师以前我曾见过，那时我已患癌症，但还没有去上海医治，他看了一会，说不出所以然，只喃喃地说：“这是什么东西，这么厉害呀！”这次又碰上了他，我很失望，他看后也莫名其妙，我告诉他，我是害鼻咽癌，在上海镭锭医院医好了，现在是来检查有无变化。他目瞪口呆，好一会才说：“什么？镭锭医院？在什么地方？”我的天呀！像他这样呆头呆脑的人，也来做医生，不知害死了多少人。我以前对于医生不大注意，自从我患癌症以后，才深切体会到医生的重要，不过医生也有好坏，而且有些相差很远，这也难怪，医生看病也如同我们写文章；同样一支笔，有人能写好文章，有人写得狗屁不通，好在文章写得不好，不要紧，把它扔掉就是了，而医生看病就不是这么简单，一有差错，小之病上加病，大之把人命送掉，这是多么严重的问题呀！我经这位医师检查之后，上了一点药水，从此觉得鼻腔发炎，好像有块棉花贴在里面一样，右耳听觉渐差，而且耳鸣，头部也隐隐作痛，舌也略向右歪，又像旧病复发了。

五月二十七日往上海，先由吴医生检查，未发现病状，后往红十字会医院请王鹏万主任检查，认为右鼻后腔有些肿大。又请李冈医师检查，他以手指略按口腔上颚及鼻后腔，即有血流出，至于右耳听觉不灵，是因受肿处压迫，空气阻塞。主张再照深部X光和上镭锭，以策安全，下午就开始照深部X光。五月二十九日入住镭锭医院，每日照深部X光两次，由吴医生亲自校准部位深度和时间。六月三日右鼻腔再上镭锭一次，从中午十二时一刻起，至六月五日中午十二时半，才把镭锭取出，整整两天有余，中于六月四日并照深部X光一次，大概吴医生已知我对放射治疗无不良反应，故不惜全力以赴也。自此次取出镭锭后，脚步不大稳健，行走时有些东倒西歪，胃口复差，不思饮食，且不知盐味，说话时也觉口腔作痛，料此系这次上镭锭太久的反应。过了十日，口腔作痛渐止，脚步也已稳健，六月二十日出院回京，这次共照X光二十次。

七月十三日往镇江江苏医政学院等候吴医生检查，因吴医生近应该学院之邀约，每周来此讲授放射治疗一次，故与我约定来此检查，检查结果，尚称满意，与吴同进午饭。他在用饭时，谈到我国医师平日不大注意数学，而放射治疗最要有数理基础，他来这里讲课能听懂的很少，言下不无遗憾。饭毕我送他上火车回上海，我便乘暇往甘露寺、金山寺一游，甘露寺已是颓垣败瓦，荒芜不堪，金山寺也驻有军队，又天已向晚，匆匆一览，即搭车回京。

自第二次上镭锭以后，鼻孔时有血水流出，右面颊也时肿时消，九月五日往上海，请吴医生检查，他说面颊时肿时消是镭锭的反应，此种反应可能延续好几个月。至鼻孔时有血水流出，则系鼻腔伤口尚未完全愈合之故，不必介意。十月三十日再赴沪，吴医生及红十字会医院王鹏万主任替我详细检查。因此时中央已提名我为湖南省汝城县国大代表候选人，即须回籍竞选，能否远行，须视检查结果而定。吴医生说，现在鼻孔出血之处不是患癌之处，且右鼻腔较大，可见系因镭锭照射后内部收缩之故，望勿介意。王主任又说，右鼻腔因上镭锭两次，有许多分泌腺都已烧毁，故分泌不足，同时肌肉也有收缩现象，在感觉上自欠舒适，嘱点一种润鼻止血的药水，使内部润泽，就会好些，这样我就放心了。

（七）回籍竞选病势突变

民国三十六年十一月十一日起程回籍竞选。先坐飞机到汉口，当夜搭火车往长沙，翌晨到达。在长沙因要和各方面联系，停留了三天。十五日搭火车南下，深夜到广东乐昌下车。第二天雇轿子送我回汝城，因为汝城县离乐昌只有旱路一百二十里，而离粤汉铁路郴县宜章境内各站，则有两百乡里，所以迂回而行，反较省时省力。我一到县境，就有很多亲友和助选人员来接。我下轿和他们边走边谈。他们气急败坏地怪我回来太迟，说县里有一个土豪把选票都买去了。这个土豪是贩卖鸦片起家的，现在已成巨富，（湖南有两个烟土大市场，一个是由云贵入口的洪江，一个是转售粤赣的汝城，）除有一些沆瀣一气的人拥护他以外，他并花钱收买选票，头寸不够了，就用谷米来买，最后出到五斗谷（等于四十斤白米）买一张票。在这年头，大家还是填饱肚子要紧，什么学问名望也好，什么正义主张也好，都不能当饭吃，言下大有大势已去之概。我沿途看见贴满了支持我竞选的标语传单，大大小小，形形色色，可见助选人员费了不少力气。我问他们："到底一般民众对我印象如何？"他们都说，民众内心都希望我当选，不过抵挡不住人家金钱、物质的引诱。我又问已用什么方法对付呢？他们说："我们已尽力宣传，贿选是犯法的，受贿的人也要处罚。"我再问："人家贿选买票有证据吗？"他们说："有，人证物证都有！"我说："这就好办了！"当夜赶到县城，急忙邀集本党（中国国民党）的干部同志和助选人员到县党部会商。我首先对大家表示诚恳的谢意，随即主张改变宣传方法，我们不要直接干涉老百姓受贿，但要扩大宣传："人家受贿不受贿，我们不管，只要凭良心投票就好了。如果因为受了某人的贿，就投某人的票，我们一定检举，一定法办。"连夜分往各乡宣传。从此受贿了受贿，投票了投票，这个土豪的钱都白花了。开票结果，我以最多票当选，听说这个土豪这次花了十五亿法币，也可以说是其悖而入者，亦悖而出，不过在他还是不在乎的。

由于路上的奔波，又由于竞选的忙碌，当选以后不免又有多少酬酢，我是一个久病新愈之人，自然是受不了的，起初觉得右鼻后腔有点疼痛，日甚一日，后来口腔舌根都作痛，饮食几不能进口。到了十二月七日痛处扩大到头部，口腔更痛得非常厉害，连说话也不能了。又似癌症复发，第二天，辞别祖先，乘轿往乐昌，九日到达，当日搭火车北上，十二日到汉口，经一位彬姓医师检查，认系癌症复发，服止痛药无效，十三日，乘飞机直往上海，当日入住镭锭医院，吴医生看见我仓皇憔悴的样子，也大吃一惊，随即替我检查，颇似癌症复发，又像镭锭反应，或有细菌侵入鼻腔伤口，因而发炎作痛，一面替我注射盐水针和葡萄糖，以维持体力，一面照深部X光，并服止痛消炎等药，疼痛渐止。第二天，内子由南京赶来照料，由镭锭医院请来一位刘医生取出我鼻腔内的组织，以供切片检查，镭锭医院手术室设备极好，大小手术都够用，并特约了各科的一流医生，必要时来院动手术。刘医生技术也很高明，切片进行，非常顺利，几乎毫无痛苦。后来切片报告出来了，说是曾患癌症，好像还没有完全治愈，于是继续照深部X光，一面打针吃药，各种病状，逐渐消除。刘医生曾以小电灯泡放入鼻腔检查三次，最后一次，说鼻腔内伤口已好，可以出院了。民国三十七年一月十七一日离院回京。这次住院三十五日，共照深部X光十七次，谢天谢地！我又死里逃生了！

（八）祝福你得上苍护佑

民国三十七年三月二十九日，第一届国民大会第一次会议集会于南京，在正式会议之前，有很多预备会议，不免要大忙一阵。我因欲明了身体能否适应，特于二月二十六日往上海，请吴医生和刘医生检查，两位医生都说没有什么不好，但此时声音欠亮，喉头有些发痒，且常咳嗽。吴医生要我服一种黄色药片医治。又右面颊还有时稍肿，系受X光影响，以后自会平复。至声音欠亮，刘医生认系声带震动尚欠灵活之故。吴医生说，过若干时日看看情形如何，再想办法，当晚就搭夜车回京。

回京后，因出席国民大会，每日忙碌，直至五月一日大会闭幕为止，而“共匪”已全面“叛乱”，东北华北各重镇相继弃守，至七八月间，“共匪”已窜扰黄河以南，京沪震撼。我于九月九日乘夜车赴沪，次日请吴医生作最后一次检查，他说一切都好，并邀我同往探视两位同病患者，一位是广东人，一位是四川人，看样子他们病势都比我去年住院时为轻，其中一位一切正常，只是口不能尽量张开，另一位也看不出有什么严重。吴医生要我以身作则来安慰他们，鼓励他们不要害怕外，暗地里却对我说，这两病人他都没有医好的把握，因为他们都曾在别处接受治疗，尤其先照了镭锭，现在复发，很难医好，因为癌症在原发时期，比较好医，转移以后成为继发性的癌症就很困难了。后来听说这两位患者都死掉了，想起他们活生生的和我谈话的情形，还在眼前，无怪乎大家谈癌色变，说它是吃人的恶魔呀！

这次到上海，我住在愚园路国防部招待所，曾就便谒候在养病中的参谋总长陈辞公。他住在林森路一栋院子很大的洋房里面，这是人家暂时借给他住的。从大门到住房足有一两百公尺长的走道，院内种植花木，环境清幽，确是一个养病的好地方，可是他说这里实在住不起，看大门要人，打扫院落，照料花木要人，再加上厨子女工等等，要一笔多大的开销，相谈之后，大有廉吏可为而不可为的感慨。是夜搭夜快车返京，翌晨到达。时局日坏一日，接着政府也要疏散，我就没有再去上海了。别矣！吴医生，祝福你们得到上苍的护佑，免受共匪的摧残！镭锭医院还存在吗？里面所珍藏的镭锭和许多精美的设备，没有被抢去吗？没有被破坏吗？你一家人都安全吗？是不是已逃出魔掌到国外去了呢？念念！念念！

（九）来台以后灾难又来

我在上海镭锭医院，除短期住院不计外，前后住院三次，第一次住了四十三日（自民国三十五年十二月五日至三十六年一月十七日），照深部X光六十三次，上镭锭两次。第二次住了二十二日（自民国三十六年五月二十九日至六月二十日），照深部X光二十次，上镭锭一次。第三次住了三十五日（自民国三十六年十二月十三日至三十七年一月十七日），照深部X光十七次，未上镭锭，三次住院，共计照深部X光一百次，上镭锭三次。第一次和第二次出院后，吴医生都给了我一份医疗经过报告书，（第三次出院没有给，因为那时大局已乱，人心惶惶，医院也不像以前平静。我也忙于出席国民大会，没有向他要。）并郑重其事地关照我，出院以后，无论到什么地方，都要随时检查，这个医疗报告要带在身边，以供检查或治疗的医院参考，一则对自己有益，二则现在全世界对于治癌还没有确定不移的方法，医生与医院方面，正需要这类资料，来相互观摩，共同研究。这是仁心仁术，救世救人之言，我紧记在心。民国三十八年大陆“陷匪”，我多少重要的书籍器物都丢掉了，只有这两份医疗报告随我而到台湾，至今还在身边。

我于民国三十八年七月带着妻儿一家来到台湾。初到时体重五十六公斤，后来增至六十公斤，几已回复病前原状，但遇事情太忙，或说话太多时，就会舌厚而歪，休息几天，又复正常，自知不是癌症复发，因癌症发时，来势凶猛，处处都不对劲，不是休息几天就会好的。到了一九六二年，常常打喷嚏，流鼻涕，好像鼻内发炎，到处求医，经久不愈。后来有一位耳鼻喉科医师不问青红皂白，知我过去曾患癌症，就直觉地怀疑癌症复发，轻率动刀，取出我鼻腔内几块组织，送到叶曙教授那里去检查，结果并无癌细胞，正如我所料不是癌症复发。可是经这位医师动刀以后，我更不舒服，鼻涕血水常流，有时还有腐臭气味，不知是动手术时，消毒没有干净，还是工具不好，他箝着我鼻腔内的肉，扭来扭去，扭了好一阵才夹出来，因而内部受伤很重。我的天呀！人是肉做的，不是木头，怎能禁得起你的大刀阔斧呢！

隔了三个月，就是同年的六月二十日，我住进另一家规模很大的公立医院，做健康检查，一切都正常，只是鼻子不舒服，耳鼻喉科医师问起我过去患癌症的经过，并看了以前的医疗报告和叶曙教授的切片检查报告，不知他有没有看懂，还是不相信人家，又要我作切片检查，病人是不可能强过即中的，只好由他摆布，牺牲血肉，不在话说，但检查结果，仍没有癌细胞存在，就这样，又糊里糊涂叫我出院了。我的鼻腔接连遭受刀伤，越弄越大，吃饭饮水都会跑进鼻腔里来，十分难受，时常流鼻血，或连脓带血，结成硬块，塞满鼻腔，我的灾难又来了！

（十）“苦海救星”方主任

一九六二年十一月二十日我到公务员保险联合门诊中心就诊，巧遇一位细心负责，术德两全的方良金医师（他是三军总医院和邮政医院的耳鼻喉科主任)。他最初说我可能是萎缩性鼻膜炎，经过多次治疗或用吸管抽出鼻内分泌物，或要我自己用盐水冲洗，鼻腔内虽然清洁得多，但是容易流血，不冲洗，又有化脓一类的物质在内，且有腐臭气味。有一次我问方主任，化脓应该有细菌，何不取出一点分泌物来检验呢？方主任虚怀若谷，不像那些自命不凡的医生，当即接受我的意见，取出一点点分泌物送去培养检查，过几天，检查报告送来了，果有变形杆菌和金色葡萄菌在内，所以发炎不停。这样又使方主任作难了，因为消灭这两种细菌，以用链霉素为最有效。而我已经有些重听，用链霉素注射后可能更聋。我说："聋总比死好，尽管用吧！"那时已是一九六三年三月，我正被任为中国渔业公司董事长，事务繁忙，说话一多，就流血不止。在我接事的前一天，接了几次电话，流了满地都是血，后来到高雄分公司开会，在会议席上就血流如注，惨不可言，所以我甘愿冒耳聋的危险来把鼻子治好。注射了十二针链霉素，果然见效，鼻腔内分泌物少了，肌肉也收缩了，渐渐露出一点骨头来，再过几天，骨头脱落了，横梗在鼻中隔内，不能出来，这样非动手术不可。是年九月四日入住邮政医院，由方主任亲自用剪刀把这块骨头剪断，分成两块，从鼻孔取出，共有一英寸半长，是死骨，当然是以前用放射治疗时照坏了的，本要脱落出来，因为以前鼻肚发炎肿胀，出不来，所以时常流血。现在死骨出来了，顿觉轻松了。世称死人为枯骨，我未死而骨先枯，骨已枯而人未死，其幸耶，其不幸耶？

我非常感激方主任，他把我从苦海中救出来，秀才人情一张纸，我亲笔写了一幅匾额送给他，上书“苦海救星”，自己觉得恰当极了！

（十一）后遗症的无穷苦恼

后遗症是一个医学名词，就是病愈后所遗留下来的病症，癌症是严重的病，所以它的后遗症也非常严重。

我自鼻腔内死骨脱落，经方主任细心取出后，鼻口腔没有受一点伤，满怀高兴，以为从此可以过一段平安日子了。不料到了一九六六年六月间，我有点感冒，喉头发痒，我去公保门诊看方主任，刚巧他请假没有来，我就另外请一位医师，这位医生不问我以前害过什么病，也没有检查我的口腔，急急忙忙在我喉头涂了一点药。第二天，我就发现我右上软颚右一个小洞，说话的声音也不对了。隔了几天，去看方主任，他说软颚破了一个洞，这个洞可能愈来愈大，最后变成缺口，那时说话更漏气，含糊不清，吃东西也更容易塞进鼻腔内。我说是不是上次看病的那位医师上药不小心弄破了呢？他以恕心待人，不愿归咎人家，只说因为以前照了很多的放射线，里面许多组织都被烧死破坏，所以软颚特别脆弱，其薄如纸，营养输送不上，自会萎缩枯死，后来果然这个洞，由芝麻小，变成黄豆大，再变成蚕豆大，最后成为缺口而残废了。

因为鼻腔内死骨脱落，鼻中隔也因组织坏死而成空洞，加以右上软颚缺损，饮食更易进入鼻腔，所以吃饭时更要特别小心而缓慢，如果太快，就会大量挤入鼻腔，而由鼻孔流出，好像压面条一样，一边进，一边出，不但难看，而且难受，饭后常要用盐水冲洗鼻腔，清除内存食物，水冲少了，洗不干净，冲多了又会冲破鼻膜而流血。民国一九六六年十一月九日，夜间忽然大量流血，用棉花塞鼻孔，就连棉花带血一起冲出来，用手巾掩住鼻孔，血就由口腔而出，一面往里吞，一面往外吐，吐得到处都是血。又和民国三十五年十月二十六日夜里那次大流血一样，来势汹涌，即请医师打针止血，也止不住，当夜送往台湾疗养院急诊，用纱布长条尽量往鼻腔里塞，好不容易才止住了。后来才晓得是动脉管破裂，否则不会流血如此之多。幸而止血得早，稍迟就会像今年由香港来台的那位黄美之代表因流血过多而死了，岂不哀哉！

我住进台湾疗养院的时候是急诊，所以住在内科病房，一位外国院长来看了几次，都惊讶说我好危险。约有四五天，他才细心地把塞在鼻腔里的纱布长条取出来，同时替我上了些药，慢慢伤口结疤了！从此我再也不敢用盐水冲洗鼻子了，也再没有大流血了——以至现在。

不知是气候关系，还是身体衰弱，我到台湾几年之后，就害了气喘病，气喘是长期的绞刑，非常痛苦。尤以夜间发时为多，常常要坐以待旦，看见床铺不敢睡觉，因为一躺下去就会气喘，这简直是非人生活！可是我在台湾疗养院住了二十几天，气喘没有发作，这是因为病房在三楼，没有那么潮湿的缘故呢？还是天不绝人之路，让我在大病之后，也休息几个星期呢？再则我在住院期间，内科主任易理宗医师每天都来检查病房，给我不少照顾，还有一位李天遮牧师常来向病人传道，并送了我一本圣经，病榻阅读，获益良多，均此致谢！

（十二）赴美求医印象深刻

自从右上软颚缺损之后，言语饮食的困难，日甚一日，尤其有口难言，变成一个哑巴，更是难过。有时遇见亲朋好友，要想和我谈几句话，无奈我说不出来，久而久之，我怕和朋友们见面，或见面也避免谈话，以免受窘。所以有些朋友说袁某人怎么对我突然冷淡了呢？其实，天晓得！我正满腔热忱，可是说不出来了！我下决心，无论如何，都要把软颚缺口补好，在台湾看遍了所有的耳鼻喉科、口腔外科、整形外科的医生，都说没有办法。一九六七年，我在一本杂志上看见美国新近发明一种化合物质，叫做 Silicone，是一种类似塑胶的东西，可随心所欲，做成各种成状，以补人体的缺陷，甚至心脏瓣膜乃至脑血管都可用它来补救。我鼓舞了！决意赴美求医，先通信问了几位在美国业医或学医的朋友，他们都说可来一试。

一九六七年九月十三日，我尽了所有的力气筹措了一笔费用，由内子陪同搭机赴美。因为小儿在美，住处不成问题。到了纽约，休息了几天，就和各医院联络，十月二十五日到 Kings County Hospital，拜会邱智仁医师，由他介绍往见整形外科医师 C. Redlawer M. D.。他仔细检查了我的口鼻腔，并看了我的病历，思考了一会就说，Silicone 目前还没有实用在整形外科上面，但软颚缺损可以取口鼻腔附近的肉来补，这种手术相当费事，现在整形外科主任到欧洲开会去了，要到十一月中旬才能回来，当即约定十一月十三日上午十时半来看整形外科主任。并说这位主任是美国整形外科权威，现兼七个医院整形外科主任之职，要我按时而来。

Kings County Hospital 的整形外科主任既还没有回来，我何不利用这一段空档时间，去多看几位医生。十月二十七日到 Momorial Hospital 先看一位中国女医生朱剑华女士，这是曾宝荪先生介绍的，曾先生以前曾在这里医过病。朱医师很帮忙，当即带我去见一位外科医生 Hollon W. Farr M. D.，这位医生非常客气体贴，连称我大难不死，真是好运气，经他详细检查之后，又介绍我去看一位中国牙医胡先生 IANY HUD. D. S. 。胡医生在美国很有名气，除在 Momriat Hospital 任牙科主任之外，并自己有一个诊所在八十六街。我问胡医生是不是可以利用装假牙的托板，补软颚的缺口，他说大概可以，并替我照了好几张 X 光照片。隔了几天他陪我到 Momoeial Hospital 去看整形外科的医师们，他们便不同意。他们说软颚是活动的，而假牙托板是固定的，装上去不但无益，而且十分难受，这一场梦又破灭了。胡医生到底是中国人，有同胞爱，因为这事没有作成，他虽然费了不少工夫，还是不收我任何费用，在拜金主义的美国，真是高谊如云，令人感激极了！

十一月十三日上午十时半我如约到 Kings County Hospital，护士小姐对我说，医生们正在里面开会，一会儿，门开了，请我进去，一共有八位医师在那里，他们都已预先看了我的病历，没有问我什么话，由整形外科主任先看了我的口腔一会儿，其余几位医师也轮流看了一下。听说这几位都是动手术有关部门的医师，所以同来会诊。他们看完交换意见之后，由整形外科主任对我说："软颚缺损原是可以补的，不过你的年纪大了一点（那年我六十七岁），恢复能力稍差，动手术没有十分把握，再则以前照了大量放射线，内部组织还在坏死中，此刻剜肉贴补，恐怕也长不牢固。"说着又安慰我说："你既远道而来，我们也很愿为你服务，如果你愿意的话，可以免费来住院一星期，以便详细检查，看看有没有办法。"随即开了一张住院单给我，要我自己考虑。回到住所，想起他们的服务精神，至可感佩，但是此时动手术既无把握，又何必一试呢？倘若弄得软颚缺口愈来愈大，岂不更糟吗？次日就写了一信给邱智仁医师，请他转告，我暂时不来住院，并致我深厚的谢意。我心在想，再过几年，等鼻咽喉的组织坏死停止了，我还要再来就医，以残废终生，我是不甘心的！

美国因为富甲全球，样样都比人家大，公园大，医院也大。

以 Kings County Hospital 来说，就有我们台北市整个城市区那么大，而里面设备也好，人手也多。我参观过很多医院，常常看见病人寥寥无几，而医生护士很多，正因为如此，医生才能细心看病，病看好了，病人也就少了。再则美国一般国民的健康标准都很高，平常很少生病，我的儿子在一家土木工程公司作事，他说一年中没有看见一个人请病假，和我国一大群的公务员或民众，涌进公保诊所或公立医院的情形，恰好相反。我们病人多，医生只好以快刀斩乱麻的手法，马虎应付了事。医生马虎，病更难好，病人更多，互为因果，造成恶性循环，我们要怎样才能切断这个循环的根源呢？这是我们一个很大的社会问题。还有一点也是美国的医院和我们大不相同的地方，他们是先看病，后要钱，我们是先付钱，后看病，要是没有钱，只好等死。这不能怪我们的医院不对，因为我们的社会安全与福利，还没有普遍，没有办好，如果医院不先收钱，病人医好了，向谁要钱呢？所有医院里的开销又从哪里来呢？岂不要通通关门吗？美国的医院，公立的固然有政府的补助，私立的也有基金会维持。他们是以救人为第一要义。有钱无钱，医好病再说。我曾见一位朋友的太太，她的丈夫还没有去美国，自己在一个车衣厂做工，忽然害病，送到医院，经医生检查，认为有子宫癌的症状，问她生了儿女没有，她答已有儿女几人，医生立即写了一份动手术的同意书，征求她签字，第二天就把子宫拿掉了，并对她说："这是挽救你的生命，而对于你们夫妇的爱情生活并无影响。"等她住了两三个星期，身体复原了，预备出院的时候，才送一张缴费单给她，她说没有钱，也就算了。这在别的国家能办得到吗？我们离此目标更远，正要加紧赶上呀！

我在美国住了半年到过几个大城市。有人说美国是一个最现实的社会，没有人情味，这也许是指工商社会而言，至于一般社会大众，还是有人情味的。有时比我们东方人还重感情。我有一次和内子去看一个朋友，到了他所住的地区，而找不到街道和门牌号码，问一位路人，他说："离此不远，我送你们去吧。"果然他送我们到我那位朋友的门口，才挥手说声再见而去。这能说没有人情味吗？还有一次，我去看动物园，到达时间稍晚，卖票窗口已经关上了，但是有一位看大门的警察，看见我是外国来的客人，便招手对我说，你可以进去，不过要早点出来。这不是有人情味吗？美国是一个多种民族的集合体，无所谓排外，对于我们中国人更是友善。因为以前中国人在美国很少犯罪的记录，遇有抢劫或凶杀案发生，警察检查路上行人，只要看见中国面孔，连问也不问就放行了。这也是我国侨胞多年以来建立的信誉，才能得到人家的尊重。

我在纽约时，正值垃圾车罢工，街道上堆满了垃圾，而我们中国街（China town）的侨胞就自己动手，清除垃圾，并用车送往郊外，赢得大家称赞。还有一次，因为市政府要撤销靠近中国街的一个警察分局，华侨们感觉治安失去保障，号召了几千人到市政府去请愿，沿途散发传单标语，哄动一时，而秩序极好，请愿以后，侨胞们又自动把丢得满地的传单标语打扫干净，第二天，美国各报，都说我们中华民族确实可爱可敬。

后来警察局的问题也解决了。这是和平奋斗的成功，也是多年累积的友情。我们要永远的珍惜它！保持它！

一九六八年三月十一日，我因护照的有效期限届满，（虽还剩下六个月，而美国移民局的规定，必须在六个月以前离美。）而"我国"驻纽约的总领事馆对公务护照又不能延期加签，我为遵守我们"国家"的信誉，不愿拉拉扯扯，决意如期返国。虽然此行没有把我口腔的缺陷补好，但仍得了不少的安慰和鼓励，尤其我的气喘病，自到美以后，无论风雨晴晦，从未发作。我在赴美时，身边带了许多气喘药，到了那里一点也不要用，使我在呼吸方面平静地过了半年，可说是我意外的收获了。生为国人，终当归国，不料一到松山机场，下了飞机，就有些闷气，第二天，气喘发作了。从此我才了解气候对于我气喘有密切的关系。但是台湾世称美丽的宝岛，四季如春，何以对我独不相宜呢？是因为气压太低吗？是潮湿太重吗？百思不得其解，最近我写了一封信，问"中央气象局"，承其详查资料给我答复，大意说台北气压高于纽约，而低于东京，至于湿度，则夜间常比日间为高。又说何种气象要素，对于人类生理变化，具有如何影响，目前所知无多，但据 B. Derudder 氏及日人入鹿山胜即博士均曾指出，气象变化，如冷锋暖锋过境等，对于气喘、气管支喘……等病都具有影响。我在纽约和东京都不气喘，可见气压高低，对我的气喘没有影响，而我在台湾气喘，又以夜间为甚，显然是台湾湿度较高的缘故。再则冷锋暖锋过境时，我更胸闷气逆，和气象局所说完全吻合。我非常感激他们，给我指点迷津。我曾亲到“中央气象局”去面致谢意，赞佩他们认真负责，热心服务的精神。倘若我们全国的公私机关都像他们一样的革新，我敢说：“中国一定强！中国一定强！”

（十三）共向人类公敌进军

癌症究竟因何而起，病源为何，至今还是一个谜。说法虽多，仍无定论，就我个人的感觉来说，经常刺激摩擦或容易膨胀收缩的部位，比较容易生癌。即以鼻咽癌为例，东方人较西洋人为多，就是因为东方人对于伤风感冒，不大注意，往往照常外出工作。病拖久了，就变成慢性鼻病，再进一步，就成鼻咽癌了。而西洋人不然，他们一感冒，就绝对休息，非到病好不出门，很少带着眼泪鼻涕上班上学的，所以他们鼻病少，鼻咽癌也少了。当然这不是患癌症的唯一原因，譬如骨癌又有什么刺激摩擦和膨胀收缩呢？再则我觉得癌细胞可能是与生俱来的，潜伏在我们身上，在体气强健的时候，它不能做怪，一到体力衰，它就肆虐了。正如流氓土匪潜伏在社会里面一样，当治安良好时，他们不敢胆大妄为，一到有机可乘，他们就无恶不作了。所以患癌症的以四十五岁以后的人为多，人到中年，不可不提高警觉。有位中医对我说，癌症是气血郁结而成，所以患癌症的人多属于性情温和而有忍耐的人，脾气暴躁的人很少害癌症。我听了这话，觉得有点新鲜，把我所知曾患癌症的人细想一遍，也和他所说的有点相近。几年前我和几位朋友谈到这个问题，有一位朋友说："不对，不对，我国某植物学家性情暴躁，也害了癌症，现已赴美就医了。"这一病历不是把这位中医所说的推翻了吗？可是没有多久，那位植物学家经美国医院检查后，毕竟不是患癌症，并已平安回国了。所以这位中医所说的，还是值得研究。

有人说中医中药可以治癌，这是一件不可轻试的事。中药对于机能性的疾病，用得好，确有相当功效，而癌症是组织性的病患，中药药力恐怕不能到达。有些人误信宣传，知患癌症而请中医医治，不但耽误了医疗时间，且使病势恶化，自速其死。我曾两次用中药，都非常危险，这是我的实际经验，不可不提供大家参考。至于诊断不准确，似癌非癌的病历，例如肝炎、肾结石、尿道结石等，确曾有人用中药治好，那是另外一回事了。又有人说，以前患癌症的人少，而现在特别多，恐怕是世界文明带来的时代病，甚至推想出什么东西吃不得，什么东西用不得的奇谈怪论，其实不然！一则以前传染病多，医药卫生不够进步，人类平均寿命较短，很多人都不等害癌症就死了，二则害了癌症也不知道，糊里糊涂就死掉，怎么知道他们不是害癌症呢？尤其妇女们所患的乳癌、子宫癌，更讳疾忌医，例如血崩就是子宫癌症状之一，可惜当时就不知道呀！

无论在中国外国，医师们一知道我曾患癌症，都一直追问我患癌症的经过。从祖宗三代问起，到日常生活为止，可说无所不问，我也无所不答。我觉得医师问的目的是在病人中找出癌症的病源和了解病人的症状，作为医疗进行的参考。如果医师不问，是医师不对，病人不答，是病人不对。已故同济大学校长丁文渊兄曾对我谈过一个故事。他说从前德国铁血宰相俾斯麦雄视当时，倔强无比，他害病请医师来看，医师问他哪里不舒服，他总是闭口不答，弄得医师手足无措，狼狈而退。后来请来一位医师，也照样问他，这里不舒服吗？他不答，问他那里不舒服吗，他也不答，再问，他就冒火了。他说："你不晓得看吗？"这位医师说："回宰相的话，我不是兽医呀！"俾斯麦顿时感悟，从此就和医师合作了。病人是要和医师密切合作的，病人不懂医学，在技术方面固然不可妄作主张，但自身的感受，合理的意见，也值得医师参考。医师不可不问，病人不可不答。中医所谓"望闻问切"四法，我想西医也是用得着的。据医师们说，癌症有原发性与继发性之别，癌细胞还在原发部位，就叫原发性，一经转移别的部位，就叫继发性。普通常识告诉我们，白血球是杀菌的，淋巴腺也是抵抗病菌的，可是癌不是细菌，而是体内不规矩的细胞，白血球和淋巴腺都不抗拒它，任其自由移动。例如鼻咽癌，初起是在鼻后腔，还比较好医治，如果转移，向下经头部而入内脏，向上经眼部而至脑部，就如流寇散匪，到处乱窜，而更难清灭了。所以治癌第一要早发现，第二要早疗，第三病愈后还要时常检查，以防复发。我亲友的太太们中，就有几位曾患乳癌，或子宫癌。幸而都发现得早，立刻割除患部，而挽回生命。但有一位某名人的夫人，知道自己害了子宫癌，还要去香港看女儿耽搁一阵，再回台湾就没救了。再则癌症医好了，要五年不发，才可放心。在这五年以内，要时常检查。友人成刚将军在台患鼻咽癌，问我怎样医好的。我尽所知以告，后来听说他已医好了，我还是再三关照他，要随时检查，不知他照作没有，终因复发而死。还有一个小同乡朱纪养也是患鼻咽癌，在某大医院用钴六十治好了，他非常高兴，我也关照他要常去医院检查，他粗心大意，以为病好了，还去检查什么呢？到了第二年，果然复发，他还不知道，只觉得眼睛看不清楚，一个东西看成两个，我替他非常焦急，因为以前吴医生曾对我说过，癌症到了眼部，就会使眼球呆板，不能和另一眼合作，所以一个东西看成两个。我当时曾问他，这样又怎么办呢？他说只有赶快把这只有癌细胞的眼睛挖掉，以免再向脑部蔓延。我陪朱纪养到原为他治病的医院复诊，可惜只看见一位资浅医师。他说："这是眼科的病嘛，去看眼科吧！"到了眼科，又看不出所以然来，我禁不住把癌细胞侵入眼部的可能性告诉他们，他们充耳不闻，全不理会，我又不能越俎代庖，结果只有眼睁睁地看着这条活命受尽苦痛而断送了！

我自民国三十五年患癌症以来，到过很多医院和诊所，看见了很多好医生，也见过了不少坏医生。他们的好坏，往往有天渊之别。好医生不但医术好，真是仁心仁术，良医良相。坏医师不但医术坏，医德更坏，病没看清，就胡乱开药，固是常事，有的明知没有开刀的必要，故意要你开刀，反正肉是你的，钱也是你的，只要他的钱袋塞满就好了，更是何等心狠手辣！从前有个农夫挑着一担东西从田埂走来，迎面来了一个赤脚郎中，田埂很小，让路时，农夫挑的担子挨了郎中一下，即中大为光火，随即踢了农夫一脚。农夫笑笑说："谢谢你。"郎中说："怎么你还谢谢我呢？"农夫说："好在你是动脚，要是你动手，我的命就完了！"这虽然是个笑话，可是这种坏医生至今还有。此外放射线对于治癌，在今日药物治疗还没有确实把握以前，仍占重要地位。而放射治疗需要有高度的数理基础和相当的技术训练，用得不当，也是杀人不见血的利器。现在我国各大医院都有了放射治疗设备，但操作的人都够水准吗？都能胜任无愧吗？这又是当前的重要问题了。依据一九七一年十二月十二日出版的美国新闻周刊（Newsweek）的报导，美国在该年内将有三十三万人死于癌症，眼前健在的两亿多美国人中，约有五千万人（相当总人口四分之一）将有一天会听到医师给他们这个可怕的诊断，其中有三千万人会因癌症而死，其不死的也会因切除手术或放射治疗，而弄成残废或破相。这是一个多吓人的新闻呀！其他国家想也不能例外。我国对于已死或将死于癌症的人数，还没有详细的统计，量也不少。人类怎样才能逃过这个浩劫呢？这比什么战争的损失更要大呀！我祈求上苍赐给我们人类更多的智慧，早些发现癌症的病源，并给与有效的药物，使千千万万的受难者得救。同时我也希望我们人类社会能够共同努力，有钱出钱，有力出力，对于这些癌症患者予以救助。我知道有很多患者因为没有钱而得不到医治，并曾亲见有些住在医院的患者，因为钱光了，出院筹钱，等钱筹到，而病已无救了，此情此景，惨绝人寰。以前我曾听说，在英国医治癌症是不花钱的，完全免费，连交通费也有补助，费从何来，当然不出自社会大众。因为这是人类不可抗拒的疾病，不是自己找来的，所以特别值得同情。前两年陶声洋先生死了，不忘创立防癌基金会，今年蒋桂琴小姐也把她死后仅有的一点余积全部捐送防癌基金会，这是人性的光辉，我们应该效法他们这种舍己救人的精神，共同向人类的公敌癌症进军！

（此文曾于一九七三年连载《中外杂志》，编者将标题改为"我战胜了癌症"，殊出意外，且嫌夸大。癌症至今仍为人类克星，尚无绝对有效之治疗方法，作者此病虽愈，仍为后遗症所苦，耳聋声哑，即其一例。去冬以来，常感鼻咽不适，间复流血，久医无效，近承荣总荣宝峯主任悉心诊治，始渐痊愈，仁心圣手，感佩莫名，惟今后变化如何，仍不可知，更何敢轻言战胜！一九八二年六月作者附记）

四、船山名师录

——我所记忆的船山学社与船山中学

船山学社的前身是思贤讲舍，远在清朝末年，湖南许多名流学者因在曾左胡彭诸公建立丰功伟绩之后，敢于若隐若现的标榜王船山先生的民族思想，刊印船山遗书，并举行学术演讲，一时风气大开，蔚成革命高潮，故辛亥革命时，湖南杰出人才独多。民国成立，就正式把思贤讲舍改为船山学舍，社址在长沙小吴门内，烈士祠之旁。烈士祠原为曾文正公祠，民国后始敢名，祠前塑立辛亥革命时之牺牲者焦达峰、陈作新两烈士铜像，大有时代不同，趣舍互异之慨。其实曾文正公原为提倡船山学说之一人，对于革命不无渊源关系，但这不是一般人所能了解的。

船山学社附设船山中学，校长最初是前任湖南督军兼省长的刘人熙先生，后刘先生赴沪未归，改由贝允昕先生担任，这是民国七年的事，那时我由郴郡联立中学转学来此读书，除一般中学课程之外，并时常参加船山学社的讲学会，我们这些青年学生，自然只有听讲的份，不能赞一词，不过在这许多赫赫有名的老师当中，有几位给我的印象最深。

第一位是贝允昕先生，贝先生是浏阳人，前清举人出身，留学日本学法律，回国后服务法界，执行律师业务，公推为湖南律师公会会长，平日专替穷人打官司，有钱的生意都被讼棍式的律师抢去，所以他老先生业务虽好，而非常之穷，因为有时他贴老本也来替人家辩护。他短于言词，且是一口浏阳土腔，实在让人听不懂。因为他是我们的校长，主讲修身课，讲到会意处，他老先生不停地笑，但是我们学生不知道他在笑什么，他的学问好、道德好，我们是知道的，只怪他所讲的我们莫测高深而已。他着西服、坐洋车（那时我们的老师都是坐大轿来上课，只有一位教手工的老师是坐洋轿的，他老先生坐的东洋包车，是人拉的，走起路来叮当叮当，也是够时髦的），一脸连腮白胡子，笑容满面，活像圣诞老人，真是一位慈祥恺悌的长者呀！

第二位是石广权（蕴三）先生，是继贝先生之后来当我们的校长，石先生是邵阳人，是我国有数的国学大师，精研小学，对四书五经以及诸子百家之书，莫不细读深思。而有创见，每诋前人注释之谬。曾著《论语今读》等书，在中华书局等处出版，为士林所推重。例如论语第一章，第一句“子曰学而时习之，不亦说乎”，向来解释为“孔子说，吾人求学，而时时温习，不是很欢喜的事吗？”但石先生以为不然，他说：“在求学的时候，而用苦功去练习，明明是苦事，何能说是乐事，这种解释，显然不合情理。实在应该解释为孔子说，我的学说，当时的人都来学习，这不是很高兴的事吗？所以接着又说，有朋自远方来不亦乐乎？喜形于色谓之乐，因为不但近处的人跟我学习，连远处的人都来求学，自然更快乐了，接着又反过来说，人不知而不愠，不亦君子乎？就是说人家不来学，我们也不怪他，这不是君子风度吗？”照他老先生这样解释，确是合情合理，而且前后连贯，更合乎至圣先师传道授业，开宗明义的口吻。民国八年湖南驱毒（指督军张敬尧）运动愈演愈烈，全省学生也罢课响应，我们同学推我为代表，参加学联会，坚持罢课到底，不达驱毒目的，就不复课，同学们都回家去了，我因为是代表，留住学校，那时我的学名叫袁贤昌，石先生看见我们无书可读，白费光阴，非常可惜，就对我说：“贤昌呀！你近来变得不贤不昌了，究竟搞些什么呢？现在学校里既无书可读，你还是跟着我去读读书罢。”我说：“要我读什么书呢？”他说：“你想读什么书，我就教你读什么书好了。”那时胡适之先生的《中国哲学史大纲》刚出版问世，学校里有一位另一班的国文老师贺先生（忘其名），也是邵阳人，可是这位贺先生年纪虽老，须发皆白，而思想很新，他常常拿些新思想新文化运动的书给我看，胡先生的《中国哲学史大纲》也是其中之一，我看得很有趣味，有一天给石先生看见了，他随便翻一翻，就对我说：“适之人很聪明，可惜不懂小学，不懂古书意义，即以他所论老子的思想来说，就大错特错了。他是依照王弼的注解来立论的，其实王弼注老子的时候才二十几岁，还是一个小孩子（他二十四岁就死了），能懂得什么呢？什么王弼，简直是狗屁呀！”我听他老先生这样一说，不觉肃然起敬，就邀了几位同学和朋友来跟石先生读古书。白瑜兄是第一师范的学生，也来参加读书，我们最初读荀子，没有读完，大家不大感兴趣。后来读老子，石先生一面讲解，一面在我所读这本老子书眉上加以批注，从头到尾，八十一章依次讲完批完，全与王弼所注不同。例如老子的开头几句："道可道，非常道，名可名，非常名，无名天地之始，有名万物之母，故常无欲以观其妙，常有欲以观其徼"，一向都是这样断句的，并且解释为可道之道不是常道。"常"作尚字解，可名之名不是常名，"常"也作尚字解，就是说可道之道不是好道，可名之名不是好名。无名天地之始，有名万物之母，向来都是解释为天地之始是无形无名的，到了有形有名的时候，就成为万物之母了。像这种含含糊糊，似通非通的解释，实在叫人莫名其妙。胡适之先生也依样葫芦，不敢另作他解，但石老先生的解释就不同了。他说，以前断句也有错误。这是老子道德经开宗明义的第一章，老子是以传道的口气说："我的道可以为天下之道，但不是一般人所常说的道，我所定的名也可为天下的定名。但不是一般人常称的名。'无'名天地之始，因为有之前是无，所以'无'就是天地之始。到了'有'的时候，就样样都有了，所以'有'名万物之母。"再往下看，故常"无"欲以观其妙，常"有"欲以观其徼，更可见老子强调"无""有"两字的意义，而反证以前将"无名""有名"连成一词的错误了，经石先生这样解释就豁然贯通了。此外各章的解释也有或多或少的修正，把老子的思想，全部表露出来，真让人心悦诚服。可惜他老先生亲手替我批注的这本老子早已遗失，至今思之，不胜懊悔！到了民国九年，我往上海求学，石先生也因为军阀摧残教育（曾在我们学校里刺杀两位革命义士，听说都是 国父派来的，他们身边带有很多本孙文学说）迫害得不能在长沙立足，就到上海中国大学任教去了。民国十五年北伐，我随军到长沙，还看见他老人家写作不辍，他有很多著作，还没有出版，他说卖版权给书商太可惜，自己付印又没有如此财力，言谈之间，不无要发起集资付印之意，但岁月蹉跎，此愿终未实现，白费此老心血，说来真是太可惜了！嗣后船山中学又为一萧姓市侩所占，一转手竟成为毛泽东散播共产毒素的根据地——自修大学，回首往事，真不胜今昔之感。

第三位是彭政枢先生，桂阳州人，是我们的国文老师。他是湘省有名国学家，各有名学校乃至湖南高等师范都请他教国文，在前清时他是乡试最有经验的阅卷房师，所以他门下的翰林举人很多。他教学非常认真，虽然满口土腔，但讲得津津有味，他对我的作文很赏识，几乎篇篇都连圈带点，给我满分，而且张贴传观，那时他已七八十岁，须发皆白，但也有民主思想。有一次他以“论黄黎洲曰一人之力不能胜天下欲得之者之众”为题，要我们作文，我根据专制不如民主的道理，略加申述，洋洋数千言，他老更加赞叹，除给我一百分以外，还另加二十分。那时北京正在举行文官考试，他说，要是我去参加考试，也会高高的取上了。从此同学们给我取了个绰号，叫我是文官，或者以一百二十分为我的别名，想来真好笑呀！他老先生完全是一副清朝遗老打扮，举止严肃，道貌岸然，来学校上课，坐的是四人抬的大轿，还带一个跟班，替他拿皮包，擦黑板，真是气派非凡，他经常以圣贤自况，他住在桂阳州会馆的楼房上，离厕所很远，小便急时就解在痰盂里面，有一次不小心，小便撒在楼板上，顺流而至楼下，正好落在楼下邻居的头上，邻居大为光火，跑到楼上，怒气冲冲地对他说："你真奇怪，怎么把尿撒在我的头上呢？"他回答说："你才奇怪呀！圣人的尿撒在你的头上，不以为荣，反以为辱吗？"一时传为奇谈。

此外还有一位代数老师汪澹华先生，也是我毕生难忘的恩师。他不但学问好，而且教法好，他上课的时候，必须全班学生聚精会神地注视他，他才口讲指画，讲得非常透澈中肯，除非是一个大傻瓜，否则没有听不懂的，所以有人干脆叫他为"汪代数"。我们因为罢课，读的温德华氏代数，还有一小半没有教完，我就承他特许，到他家里来学，不等毕业，我的数学早已学完了。他不受我任何报酬，真是圣教无私呀！想起现在这些开学店的人，惟利是图，真是羞愧死了！

在以前军阀横行时期，要想得一个安心读书的环境，比上天还难，我们千里迢迢外出求学，而军阀们打来打去，往往上课没有几天，又背着包袱要回家去，没有多久，学校复课，我们又赶来上学，一年之中来回的跑了几趟就完了，还能读什么书呢？我现在看见台湾许多青年学生，个个都有读书机会，学校里的设备也好，而且还有种种奖助求学的办法，真叫我羡慕极了。可是还有少数太保学生，有读书机会而不想读书，真是人在福中不知福呀！前面已经说过，船山中学的隔邻是烈士祠，而烈士祠里面常常驻有北洋军队，他们都是些老粗，或者是土匪出身，视欺压百姓，摧残教育为理所当然，他们经常向我们学校捣乱，我们打球，他们就把球抢去，我们夜间自修，他们就把电灯线剪断，或者搭线偷电，使我们的电灯半暗半明，而无法读书。后来曾宝荪先生和曾约农先生创办艺芳女学，好不容易才把他们请走了，同学们都喜形于色，庆幸去此恶魔，接彼芳邻。不料好景不长，那时风气未开，男女的界限很严，我们学校后面的操场原是很宽敞的，艺芳来了，就把操场隔去一半，并在当中筑了一座高墙，有些好事的同学不免望墙兴叹，嚷着说“望美人兮天一方”！在现在男女同学很普遍的时代，对于这桩往事，也许会觉得不可思议，可是在当时听说外国有男女同学的事，也是不可思议的呀！

五、一个亟应辨正的史实

——从外传戴季陶先生发起共党说起

几年以前，陈伯稼先生增订戴季陶先生编年传记，写到民国十年的时候，遭遇一个离奇难解的问题，他深知戴先生是我国反共的急先锋，在言论方面固然是中国共产党的克星，在行动方面，也是中国共产党的死敌，可是偏偏有人说，中共的成立，戴先生曾参加发起，这不是咄咄怪事吗？他问我对这事的看法如何，我当即回答他:“这是一个误会，一个天大的误会！”因为伯稼先生年高重听，随即写了一篇书面意见送给他。后来列入戴先生的编年传记里面，略资辨正。

隔了没有多久，有一位美国青年名叫 Mr. Herman Mast，来台湾研究中国国共两党理论的差别，对本党（中国国民党，下同）各位前辈的言论思想，尤其注意研究，他对我说，戴季陶先生的反共言论，他非常佩服，但有人说戴先生曾参加发起共产党，这又作何解释呢？我就把以前写给陈伯稼先生的书面意见抄了一份给他，以代答复。足见这个问题不但国内人士非常关心，国外人士也极注意，而且时间愈久，可能误传越大越远。现戴先生逝世已二十年了，缅怀往事，不胜感慨！特就我个人所知事实，对这问题，再加分析探讨，以供世人参考。至其中有无疏误失当之处，仍候高明指教。

关于戴先生发起共党的传说，最初是来自西山会议。西山会议是本党诸位老干部同志于民国十四年十一月在北平西山召开的，目的在反对本党改组以后，共党分子篡窃党权，危害党国。他们因为戴先生以前曾赞同本党改组，又曾对社会主义有研究，也许同时还受了共党分子从中造谣，分化本党同志的影响，竟误认戴先生曾参加发起共党，而不准他与会，使其遭受殴辱而去。其实戴先生虽曾赞同本党改组，并不赞成共党分子以跨党方式加入本党，更反对他们以偷天换日的手法，曲解本党的主义和政策，目的原和诸位老干部同志一样。他对社会主义有研究，不能说他就是对共产主义有信仰。而且相反的，唯其他有深邃的研究，才瞭解共产主义的恶毒，而反对得更彻底。他远在本党改组以后，西山会议以前，就和共党在宣传和组织各方面直接冲突。民国十四年，总理逝世以后，他更不顾任何艰险，高举孙文主义的义旗，指出国共思想的区别，使本党同志知所取舍，而团结一致，免受共党的分化利用。那年五月他在广州出席本党一届三中全会以后，搭船回上海，我因事由广州往汕头，恰巧在船上和他相遇。他和沈玄庐先生同住一个房间，我们谈了许多有关国共思想不同、政策各异的问题。我到汕头上岸后，曾写了一篇以“往汕头去”为题的文章，叙述我们在船上谈论的情形，寄给戴先生，他就毫不顾虑地送交上海《民国日报》发表。我回到广州，共党分子对我大施攻击，说戴先生背着孙总理的牌位入圣庙，我又背着戴先生的牌位入圣庙，冷嘲热骂，呶呶不休。好在六七月间戴先生两本反共名著——《孙文主义之哲学的基础》和《国民革命与中国国民党》——相继出版，本党同志奉为圭臬，共党阴谋遂受惨重打击，终于奠定了本党日后清党的基础。像这样一位杰出而伟大的反共先知先觉，反说他曾参加发起共党，不准他参与反共集会，这不是是非颠倒，认友为敌吗？除了共党在旁边称心快意，窃笑大家中计而外，别无话说。不久以前，越南副总理阮高祺曾说，他现在处境非常痛苦，一面要和敌人作战，一面又要和友人作战，也就是这种情形。本党各位老干部同志后来当也知道戴先生是被误会了，可是这种因误会而激起的余波，至今还没有完全平息，真是可叹极了！

其次说戴先生曾参加发起共党的是周佛海和陈公博，这两个人都是无聊无耻的投机分子，时而共产党，时而国民党，最后竟以汉奸下场。他们说话，原不可靠，且极矛盾。据沈云龙先生所著《中国共产党之来源》记载，周佛海说，他于民国九年暑假从日本回到上海，和陈独秀他们商组共产党，戴先生也曾参加，并为起草党纲。陈公博则说，中共成立，戴先生虽然没有参加，但很同情，那时他正在办交易所，打算以交易所所得盈余，来帮助共产党的党费云云。周佛海所说这些，固已指明是在民国十年，陈公博所说的虽然没有指明那一年，但戴先生创办交易所是在民国九年，到民国十年就结束了。那么，他们两人所说的应该是民国九年的事，而据沈著同书又载，中共是民国十年七月才成立的。反过来说，民国九年根本还没有共产党，戴先生又何从而参加，而同情呢？周陈两人所说的话显然就有疑问了。我想，这是一个误会，这个误会可能是这样来的：民国九年陈独秀在上海曾以广义的社会主义相号召，筹组社会主义青年团，因为戴先生是全国闻名的学者，而且对社会主义有研究，对劳工问题也注意，陈独秀很自然地会和他交往，争取他的支持。戴先生也许对社会主义青年团的组织，参加了一点意见，或竟同意赞助，不过他的思想比较稳健，且不愿背弃本国传统文化，这一点就和陈独秀有很大的距离，所以他的态度还是很保留的，在任何集会中都没有他的踪迹。周陈两人所说的，或即指此一段关系而言。至于后来的共产党，和他的主张根本冰炭不相容，他反对惟恐不及，还谈得上参加或赞助吗？

谈到社会主义青年团，这是我身历其境的事。民国九年，我正在上海求学，并常在上海《民国日报·觉悟》栏和《时事新报·学灯》栏写写文章，鼓吹社会改革运动。当时正在五四运动之后，新思想勃起，大家都有改造旧社会的愿望，所以常和邵力子、沈玄庐、张东荪、陈独秀他们会面。陈独秀因自由思想而行动的野心，对于青年更加拉拢，所以和他见面的时候更多，我和他原本不相识，那时我和两个以前在中学时期的同学，在贝勒路吴兴里，合租一个前楼居住。这两个同学，一个名叫罗觉（即后来在上海名噪一时，因搞工运而被杀的罗亦农），一个名叫袁笃实（后曾留俄，参加共党，嗣又脱离共党，抗战时我在重庆还遇见他，满口反共言论，以后情形就不知道）。他们两人原拟留法，因为勤工俭学停办，滞留上海，另候出国机会。他们夜间就在同里的救国日报馆担任临时校对工作，赚些生活费用。那时的上海包饭很便宜，每日送来两餐，普通一人一月只要大洋四元五角，清真馆的菜饭比较好些，也只要大洋六元。我们吃包饭久了，也有点腻了，有一天，一个春天的上午，我们到救国日报馆借印刷工人的煤油炉烧点菜吃，那时的煤油炉还是用棉线作火芯的，点起火来，满星都是油烟，正当乌烟瘴气的时候，忽然有人敲门，我开门一看，外面下着小雨，一个头戴雨帽，身穿雨衣的绅士递给我一张名片，并说是来看我的。我看名片，赫然是“陈独秀”三字，请他进屋，屋内只有长板凳几张，就坐后，他说常在报上看见我的文章，所以来和我谈谈。相谈没有多久，他就辞出，临行留下他的住址，要我们常去和他谈谈，从此我们就常见面了。大约过了两三个月，他邀我们共同组织社会主义青年团（即 SY）。那时我正在组织沪滨工读互助团，团内有同学八人，（后来留俄回国，曾任鲍罗廷秘书，为共党重要人物，继又脱离共党的卜道明也是其中一人，他原名卜式奇，也是我中学时期的同学）我们就集体参加。社会主义青年团第一次会是在老渔阳里二号陈独秀家里开的，与会的除陈独秀和我们几个同学以外，还有邵力子、沈玄庐、陈望道、李达、俞秀松等人。以后在新渔阳里租了一幢房子作为团址，外面挂着外国语学社的招牌，专门传授俄文。（由山东人杨明斋主持，杨并办了一个中俄通讯社，传播赤化新闻。）社会主义青年团原以研究各种社会主义为宗旨，所以大家乐意参加。我们常常开会讨论，对于旧社会必须改革，可说全无异议，但是新社会如何建立，采取何种型态，则各有各的意见。当时社会主义的宗派很多，有激烈的共产主义，有温和的社会政策，有理想的乌托邦，也有虚无的无政府主义，形形色色，不一而足。吴稚晖先生也常来这里走走，我曾见他穿着一件破马褂在外国语学社讲演，但我从来未遇见戴季陶先生。戴先生的文名我是很景仰的，可是我在上海总没有见过他。有人说他原也住在新渔阳里，后来搬回湖州去了。有一次社会主义青年团在外国语学社开会，为了一件小事，我和陈独秀争论得很厉害，就是因为沈雁冰（即茅盾）译了一部书卖给商务印书馆，得版酬八十元，他捐赠给外国语学社，购买参考书。我主张各种社会主义的书只要有卖的都可以买，陈独秀坚决反对，他说只有共产主义才是真正的社会主义，如果把其他的书买来，反而把大家思想扰乱了。我说如果不把各种社会主义加以研究比较，又何能知道哪个好哪个坏呢？要大家盲从是不行的。因此一逼，陈独秀就宣布停止讨论，要我夜间到他家里再谈。是夜我到他家里，他就干脆告诉我，他已决定把社会主义青年团改组为共产主义青年团，问我和我的同学赞成与否，如不赞成，就各作各的好了。从此我们退出社会主义青年团，而他就把社会主义青年团改组为共产主义青年团（即 CY），后来又正式改为共产党（即 CP）。在社会主义青年团的时期办的刊物名叫《劳动界》，由我主编。后来共产党办的刊物名叫《向导》，两者言论主张，截然不同。这些事当时都是秘密的，以致外间很难弄得清楚。总而言之，共产党虽是由社会主义青年团、共产主义青年团演变而来的，但是前后的主张各异，参加的人员也不尽同，不能视为一体。譬如某甲生了几个儿子，又生了几个孙子，他的儿子他的孙子固然是由某甲而来，但不能说他的儿子他的孙子就是某甲。所以社会主义青年团是社会主义青年团，共产党是共产党。如果把共产党当作社会主义青年团，就无异把某甲的儿子孙子当作某甲一样的错误。这是一段我所亲见的史实，可是知道的人很少，我有生之日，不可不予辨正。

我在社会主义青年团期间，可能也就是周佛海所说他于民国九年暑假从日本回到上海的期间，但是我没有遇见过他，也许因为他在上海的时间很短，否则就是陈独秀不愿团员彼此联系，而有碍他的个人统治。毛泽东原在北方，曾来上海一次，住在哈同花园附近的新民三里，睡地板，室内只有一张桌子供写作。我们原在湖南学生会认识，并共同参加驱毒（督军张敬尧）运动，在上海也见过几次面，但彼此谈不来。他醉心共产主义，坚信马列教条。而我则以为中国社会固需改革，但不能走共产主义路线。因为我国产业落后，根本没有真正的资产阶级，也没有农奴制度，实行共产主义，等于无的放矢。再则共产主义不能激发人类工作的努力，必使生产萎缩，强迫劳动，又会造成残暴统治的恶果。我所组织的沪滨工读互助团，原想试行各尽所能，各取所需，结果各取所需作到了，各尽所能没有做到，所以没有多久就结束了。我有这个痛苦经验，更加速我和陈独秀他们之间的距离，这也是我退出社会主义青年团的主要原因。以戴先生学识的渊博精深，当更了然于共产邪说之为害人群，且不适合我国国情，更避之若浼了。

根据上面所述事实，并依时间推测，周陈两人所说戴先生曾参加发起的，可能是指社会主义青年团，而绝对不是共产党。不过前面我已说过，在陈独秀的心目中，只有共产主义才是真正的社会主义，所以他常把社会主义青年团、共产主义青年团、共产党连系在一起，以壮声势而自欺欺人。这是共产党质变的手法，不但对社会主义青年团如此，对其他团体也莫不如此。周陈诸人惑于他的浮言，固易以讹传讹，把社会主义青年团当作共产党，把戴先生可能对社会主义青年团参加了一点意见，也就当作参加了共产党。而外人不察，更易中他们造谣中伤，挑拨离间的毒计，也跟着说，戴先生曾参加发起共产党，并为起草党纲，筹助党费，三人成虎，众口铄金，竟酿成西山会议的不愉快事件，并于其身故之后，仍被攀污，致使佛头着粪，未免太冤枉！太残忍了！事阅前辈出处大端，更应予以辨正澄清，以免饮恨九泉。

（原载《传记文学》十四卷五期）

六、为一个亟应辨正的史实再说几句话

——并以此纪念戴季陶先生八十冥诞

今年（五八）五月间，我在《传记文学》发表拙作《一个亟应辨正的史实》以后，接到很多方面来信，对我根据事实，驳斥外传戴季陶先生曾参加发起中国共产党的谰言，深表赞同，并鼓励我多写几篇这类历史性的文章，以供大众参考。中共的建党过程，讳莫如深，其中最早的一段，更只有陈独秀一人知道，别人很难明白，我和共产党敌对了几十年，对于他们的历史所知更少，仅略知民国九年至十年耳闻目见的一小部分，此外全然不知，不敢冒充内行，信口乱说，我又不像人家那么容易受骗，不分是非真伪，一味人云亦云，所以很想搁笔不再写了。可是正在这个时候，有一位在香港的读者，大不以拙作为然，他列举了周佛海、陈公博、张国焘、包惠僧四人所作的回忆，说戴先生确曾参加发起中国共产党，又引用所谓“中共的官方史料”，说中共成立以前，先在各地组成共产党小组，再由这些小组各自另组社会主义青年团后有共产党的说法，更不同意我所说戴先生可能对于社会主义青年团参加了一点意见，而绝对不会参加发起共产党。他的结论是“戴季陶曾参加发起中国共产党，不过只是没有加入罢了。”这位读者倘若不是共产党的同路人，就一定不曾和共产党打过交道，因为他不了解共产党的本质，才会不折不地的把共产党所说的话，当作金科玉律。此外也许受了先入为主和积重难返的影响。想到这里，我不得不再说几句话，把戴先生的被诬，再作一次总清查，总检讨。转眼戴先生八十冥诞将届，即以此文，作为我的献礼。

（一）细看周陈张包四人究竟如何说法？

关于戴季陶先生曾参加发起中国共产党的传说，散见各种书刊，确实不少。但多系辗转引述，以讹传讹，无足深怪，穷源究本，最初还是共产党以口头传播出来的，意在分化本党（中国国民党，下同。）同志，果然他们这一手，在本党内外造成了若干错觉，戴先生在西山会议被殴的一幕，即其明证。嗣后以文字传达的，第一是周佛海和陈公博，其次是张国焘和包惠僧。他们都是中共的创始人，他们所说的，无论其可靠程度如何，都是这一传说的原始资料，现在把它分别摘录于后，以供研究探讨。

周佛海是于民国九年暑假由日本回到上海，参与筹组共产党。他后来追述当时的情形说："……到了上海……去时事新报馆访张东荪……张东荪告诉我，陈仲甫（独秀）要见我……一天，我和张东荪、沈雁冰去环龙路渔阳里二号访仲甫，当时有第三国际远东代表俄人吴庭斯基在座。吴大意说：'中国现在关于新思想的潮流，虽然澎湃，但是第一太复杂，有无政府主义，有工团主义，有社会主义，有基尔特社会主义，五花八门，没有一个主流，使思想界成为混乱局势。第二没有组织，作文章，说空话的人太多，实际行动一点也没有，这样决不能推动中国革命。'当天讨论，没有结果，东荪是不赞成的，所以以后的会议，他都没有参加，我和雁冰是赞成的。经过几次会商以后，便决定组织起来，南方由仲甫负责，北方由李守常（大钊）负责，当时所谓南陈北李。上海当时加入的有邵力子、沈玄庐等，戴季陶也是一个，不过他说孙先生在世一日，他不能加入别党。所以中国共产党纲的最初草案，虽然是他起草的，他却没有加入。这个时候，只有筹备组织，还没有正式成立，预备在一年之中，于北京汉口长沙广州等地先后成立筹备性质的组织，然后于第二年夏天，开各地代表大会，正式成立。"（见周佛海所著《往矣集》）

陈公博是民国十年出席中共第一次全国代表大会的广州代表，他说："民国十年七月初旬……我和我的太太由香港转上海……在上海还听见一件戴季陶的轶事。季陶和仲甫约定共同发起共产党，到了成立之前一日，季陶来了一封信，说他和国民党关系太深，的确不能参加共产党的组织，不过他是同情共产党的，他正在创办交易所，打算以交易所的盈余，来帮忙共产党的党费。"（见陈公博所著《寒风集》）

张国焘于事后追述中共筹组时的经过说："一九二〇年七

月十三日下午……我由北京乘火车赴天津……不久我到达上海，我去访问那时还住在法租界霞飞路渔阳里二号的陈独秀先生……陈先生向我表示，组织中国共产党的意向，已和在上海的李汉俊、李达、陈望道、沈定一、戴季陶、邵力子、施存统等人谈过，他们都一致表示赞成……发起组织中国共产党和成立上海小组的初步商谈，是在我到达上海以前就已开始进行。中国共产党第一个小组——上海小组——的正式组成，是在我离开上海以后的事，约在八月下旬，一切都如陈先生所说，中共最初发起人，也即是上海小组的组成人员，是陈独秀、李达、李汉俊、陈望道、沈定一、邵力子、施存统等七人，戴季陶因为国民党籍的关系，没有正式加入组织……后来陈独秀曾和我谈到中共第一小组在上海成立的情形，在这个小组正式成立的会上，每个参加者都曾正式表示加入的意思，戴季陶则表示他与孙中山先生的深切关系，不能成为一个党员，并因此哭了一场。因为他内心很相信共产主义，很想加入，但又不能如愿以偿。”（见这位读者所引文件）

包惠僧也在事后追述以前中共筹组的情形，说：“五四运动的怒潮，震动了全世界，第三国际重视这一事件，约在一九一九年的冬天至一九二〇年的春天之间，派吴庭斯基来中国了解中国的政治情况……他由鲍立维的介绍，会见了李大钊同志……又到上海会见了陈独秀……《星期评论》的主持人戴季陶、李汉俊、沈玄庐和时事新报的负责人张东荪……戴季陶、沈玄庐都是老国民党员，李汉俊是刚从日本帝大毕业回国，被戴季陶吸收到《星期评论》写文章的。吴庭斯基与他们谈了好几次，他们曾经有过这样的打算，把《新青年》、《星期评论》、《时事新报》结合起来建立一个新中国革命同盟，并由这几个刊物的主持人联合起来，组织中国共产党或中国社会党。可是经过相当时间的酝酿，把这个意见正式提出来，首先就吓倒了张东荪，退出了这个运动。戴季陶最初还表示同意，但看到了党纲草案中有一条规定'共产党员不做资产阶级政府的官吏，不加入资产阶级的政党'时，戴季陶也借口他不能同国民党断绝关系，申请退出这一运动。"（见这位读者所引文件）

从上列这几段文字的表面看来，好像中共的筹备发起，戴先生曾一度参加，后又退出。但仔细考量一下，却又大有问题了：第一，他们四人所说的话，大同小异，显系同一来源，可能都是从陈独秀散播出来的谣言。他们虽都提到戴先生，可是没有一人说，曾亲见戴先生参加他们的任何会议，只闻楼梯响不见人下来，能说其中没有疑问吗？第二，周陈两人写这些文字的时候，是在他们脱离共产党若干年之后，固然没有替共产党隐瞒或回护的必要，但是共产党他们虽然脱离了，而陈独秀对他们讲的话，还没有从他们的脑子里脱离，他们写回忆的时候自然会照样吐露出来。何况那时他们都已作了汉奸，毁谤国民政府的大员，也是符合汉奸的利益。第三，张国焘所说陈独秀告诉他的这些话，虽对戴先生极尽污蔑之能事，但戴先生的言论思想，昭昭在人耳目，他会说他内心很相信共产主义吗？他会因为不能加入共产党，而大哭一场吗？这些令人齿冷的谎言，谁会相信！至于包惠僧说，戴先生因为看到共产党的党纲草案有一条规定，共产党员不做资产阶级政府的官吏，不加入资产阶级的政党（意指本党，见文星书局印行《中国共产党之透视》三五页），就借口他不能同国民党断绝关系，申请退出这一运动，更是白日做梦，越说越可笑！试问陈独秀、李大钊、毛泽东、周恩来后来不都加入了国民党吗？而且陈独秀出任广东省教育委员会委员长（作者按：此系当时教育行政机关，而非如《中国共产党之透视》四三页所称广东教育会会长，因教育会则系人民团体）、周恩来出任军校政治部主任和东江行政专员，不都是官吏吗？戴先生如果愿意加入共产党，又何怕不能加入国民党，和做国民政府的官呢？再者，周佛海不是说中共的党纲草案是戴先生起草的吗？那末，这党纲草案的内容，戴先生就应早已知道了，又何至于如包惠僧所说，看见党纲草案才借口改变主意而退出这一运动呢？这不是互相矛盾吗？所以，谣言终归是谣言，谣言造多了，反而会露出马脚来的。第四，这一点更重要，陈公博文内，没有把中共的发起筹备会和正式成立会分开，说得含含糊糊，使人莫名其妙，但他提到戴先生创办交易所的话。戴先生的交易所到民国十年就结束了，可见他所说戴先生来信拒绝参加的，是民国九年中共的发起筹备会。至于周佛海、张国焘、包惠僧一二人更明白说出戴先生没有参加（或称退出）民国九年中共的发起筹备会。周佛海虽然在说邵力子、沈玄庐加入的时候，把戴先生也带上一笔，说“戴季陶也是一个”，但又立即转过头来说他没有加入，并还特别申明“这个时候，只有筹备组织，还没有正式成立，预备……第二年夏天，开各地代表大会，正式成立”。凡此均可见戴先生没有参加中共的发起筹备是铁的事实。这位读者说：“所谓发起，是指某一组织在其正式成立以前的一段酝酿及筹备时期而言。”照上面的情形看来，戴先生拒绝参加的，正是中共未正式成立以前的发起筹备会，还能说他曾参加发起中国共产党吗？此如，一个团体最初邀请许多人参加发起，到了开发起筹备会的时候，有人声明拒绝参加，还能说他是发起人吗？还能说他曾参加发起吗？所以，我的结论，恰好和这位读者相反，戴先生不但没有加入共党，而且不曾参加共党的发起，更不是共党的发起人。

（二）中国共党的前身问题

谈到中国共产党的前身问题，各说不一，据沈云龙先生所著《中国共产党之来源》（一页）说：“中国共产党的前身，是民国九年五月的马克思主义研究会，和同年七月的社会主义青年团（以后蜕化为中国共产主义青年团），而马克思主义研究会的前身，则渊源自民国八年五四运动以后的社会主义研究会”。《中国共产党之透视》（四一页），及胡秋原先生所著《俄帝侵华史纲》（一二四页）、国立编译馆出版《俄帝侵略中国史》（二八五页），都有相似的记载。此外谢彬氏所著《民国政党史》

（一八八页），也说有马克思主义研究会之组织，但与社会主义青年团意见不合，积不相能。此虽另一说法，然先有社会主义青年团，后有中国共产党仍为公认的事实，也和我所说相同。如果在社会主义青年团之前，或其同时，还有马克思主义研究会，或社会主义研究会，顾名思义，也不过是属于研究性质的团体，戴先生曾否参加，不得而知，就算参加了，也是为了研究，而不能说是参加发起共产党。至于所谓"中共的官方史料"说，中共成立之前，先组成共产党小组，这是后来共产党因要否定以前陈独秀组党的史迹，而改编出来的，不足取信（详见沈著《中国共产党之来源》第七页。沈著虽不无可议之处，但取材精审，叙事简当，仍为今日难得之作，而这位读者也诋为粗劣，不知其所谓精美者何在？）。王健民先生说得好："所有世界上的共产党，几乎都是善于毁灭或歪曲历史的，他们以为攫取了政权也就攫取了历史，他们以为改造历史，同他们改造社会、改造人性一样，可以使其合于自己专政的要求。"（见其所著《中国共产党史稿》序七页）这话一点也不错！在中共未组成以前的所谓共产党小组，既是他们事后伪造出来的，当然更谈不上戴先生的加入，何况他们也说戴先生没有加入呢？

我国于五四运动之后，爆发了社会革命的高潮，大家纷纷研究社会主义，研究的团体，也如雨后春笋的成立。不过那时的社会主义，派别很多，主张各异，然大都以增进人类的幸福为主旨，只是方法不同罢了。国父孙中山先生远在民国建立之时，就已提倡社会革命，先后发表言论多次。他说中国革命，除实行民族主义、民权主义之外，还要实行民生主义。并且解释民生主义就是社会主义，不过民生主义是和平的，是以平均地权和节制资本的方法，来达到社会主义的目的，也可以说是他独创的适合中国国情的社会主义。（详见本党党史会编辑之《国父全集》，国防研究院印行之《国父全书》，及王健民先生所著《中国共产党史稿》第八页，杨幼炯先生所著中国政党史二一一页）可见社会主义并不是共产党的专利品，那时研究社会主义的团体，也不一定是中国共产党的前身，不过中共在未组成以前，寄生在这些团体里面求发展而已。

戴季陶先生是国父的忠实信徒，当时也很热心研究社会主义，并曾翻译日文《马克思资本论解释》，发表于《建设》杂志。陈独秀在未组成中共以前，还是一个学人身份，因为大家研究的关系，很自然地会和戴先生交往。民国九年社会主义青年团成立，最初也是以研究社会主义为宗旨，陈独秀也有向他征求意见的可能，也许这就是后来成为共产党攀污他的借口，其实那时的社会主义青年团纯粹是研究性质。研究的范围，也不限是马列主义，所以参加的人相当多，信仰也不一致。我和几个同学，也曾参加，后因主张不同，并发现陈独秀有将它改为共产主义青年团的意图，我们就退出了。据《中国共产党之透视》（详见四一、四二、四八、四九等页，到了民国十年，这个社会主义青年团解散了。几个月以后，陈独秀他们又另外组织起来，随后又改为中国共产主义青年团，从此就成为共产党的预备队，和第三国际少年共产党的中国支部，那已是另外一回事了。

综合上文以观，戴先生对社会主义，乃至对共产主义有研究，是事实，陈独秀拉拢他，要他参加发起共产党，是事实，但他没有参加发起也是事实。

（三）共产党为什么不能放过戴先生？

共产党是以宣传起家的，宣传是他们最大的武器，如果有人驳倒他们的宣传，就等于在战场上缴了他们的械。戴先生正是这么一个人。他有丰富的学识，有卓越的才华，又有精密而生动的文笔。他充分了解共产主义的谬误所在，所以写起文章来最能打中共产党的要害。共产党首要毁灭中国传统文化，乃至毁灭人性，然后才能把邪恶的马列思想移植到中国来，而戴先生偏要做卫道之士，他虽是本党的前进分子之一，但他深知国于天地，必有与立，否定中国传统文化，即所以否定中国的存在，所以他要保持中国传统文化，要维护人性的尊严，共产党的主张，正好背道而驰。最初共产党是千方百计地想拉拢他，试看周陈张包四人所说陈独秀因为戴先生拒绝和他们合流，而遗憾无穷的样子，即情见乎词。后知戴先生终必成为他们的死敌，又怕他的言论文章足以致共产党的死命，所以就先发制人，发动谣言攻势，一声令下，众口如雷，谣言四飞，说戴先生曾参加发起共党，后又退出，使他蒙上一层阴影，而离间他和本党同志的关系。迨至戴先生的《孙文主义之哲学的基础》和《国民革命与中国国民党》两本反共名著出版，予本党内外反共人士以理论的根据而给共产党致命的打击，共产党更大起恐慌，于痛恨入骨之际，仍由陈独秀低首下心，写了一封长信向他解释（详见《中国共产党史稿》一三一及一三七页），可是戴先生义无反顾，反共到底，从此更和共产党势不两立了。

固然，在当时赞成社会革命，而又反对共产主义的，并不止戴先生一人，为什么共产党独始终缠着他，而不放过他呢？例如张东荪也是和戴先生一样，共党发起筹备的时候，曾要他参加，他拒绝了，也就若无其事，为什么共产党又能放过他呢？再早一点，胡适之、蔡元培、吴稚晖诸先生和陈独秀也有或多或少的关系，后来分手了，共产党为什么也能放过他们，而不造谣狂吠呢？此或由于共产党不愿树敌太多，而戴先生一马当先，彻底反共，还是主要原因。他们既恨他拒绝参加发起共党于前，又怕他反对共产主义于后，所以才成为终身仇敌。

共产党对于仇敌是不会放松的，他们不断以明枪暗箭向戴先生围攻，满拟可以把他打倒，不料公道自在人心，他不但没有被打倒，反而共产党的荒谬理论，被他击溃了，并且打得头破血流，创巨痛深，（详见《中国共产党之透视》一三页及《中国共产党史稿》一三七、三三八、三五六等页）使中国的赤祸展缓了若干年，倘若不是俄帝在背后撑他们的腰，也许他们早已消灭了。这是后话，不过戴先生也因此负了暗伤，至今还没有痊愈——就是共产党造的谣言还没有平息。

（四）所以我要控诉我要辩白

共产党善于利用社会群众的盲从心理，他们认为一件事只要多说几次，或者不断地说，好的可以说成坏的，假的可以说成真的，中国几千年的历史，他们可以改编，明明白白的共产党，可以说成土地改革者，去欺骗美国人，这是他们统战的一面。试想想大陆撤退之前，不是谣言满天飞吗？倘若当时大家不相信他们的谣言，大陆何至沦陷！我们今日痛定思痛，来澄清以前的谣言，已属为时太晚，而这位读者还怪我不该辨正，倒说我歪曲史实，替戴季陶作伪供证，又说我不该把戴先生生平的反共言行，来作他没有参加发起共党的证明。好像只准共党造谣，不许别人开口，这种铁幕内的专横作风，实在不敢领教。要晓得，我们在台湾是有言论自由的！戴先生是人所共知的革命元老，他又不曾犯法，试问我有什么替他作伪供证的必要呢？再则戴先生已去世多年，陈独秀更先死去，我们现来讨论往事，既不能要戴陈两人来当面对质，就只好把戴先生的言论思想和前后行为来加以覆按。法官审讯犯人，也要从正反两面去考虑犯意，也许犯人提出反证，何独于戴先生不然，是不是一定要造成精神上的冤狱，给他一个缺席裁判，定成死罪，永不翻身而后快？这不是用心太狠了吗？所以，我要控诉！我要辩白！此外拙作说外间传说戴先生曾参加发起共产党是错误的，而他对社会主义青年团提供一点意见，则有可能，是因为社会主义青年团和共产党是两个东西，一能一不能，二者判然，而这位读者也引用什么记号学，指为矛盾，更是玄之又玄，不可思议了。

（五）当心自己的嘴巴和笔杆勿被共党利用

现代的传播事业，非常发达，广播电视，固无待言，就以印刷而论，速度也快得惊人。以前要印一部书，穷年累月，才能出版，现在一本几十万字的书，不到几天工夫，就可问世。再与广播电视相互流通，传播效率之大，更无可限量。所以我们开口说话，或动笔作文，都要特别谨慎，否则一有疏误，祸害无穷。可是有些多产作家不假思索，东抄抄，西抄抄，只顾稿费上腰，或博取著作虚名，不惜粗制滥造，不管后果如何。其尤甚者，专为迎合读者的好奇心理，以传播奇谈怪论为能事，共产党正好利用这种机会，或明或暗，把毒素渗透进来，所以现在市面上的书刊，仍有不少是有毒素的。前两年不是有人公然出书毁谤本党更重要的领袖也曾参加发起共产党吗？我们也能相信吗？我们也能容忍吗？共产党不但自己会宣传，而且还会利用人家的嘴巴和笔杆替他们宣传。美国的青年子弟正在越南对共产党作殊死战，而美国国内的反战分子，则大声疾呼，游行示威，来扯他们的后腿。我国在抗日和“戡乱”的期间，办了许多免费学校，来收容失学青年，后来他们反而唱出了“反饥饿、反迫害”的口号，来反抗政府，这都是受了共产党利用的明证。谈到这里，我要呼吁我国的出版界和著作家，来一个自清运动，仔细检查所出的书刊有无毒素存在。我更希望我们大家说话也好，作文也好，而尤其引用人家的言论时，更要特别小心，勿被共党利用，而为我国文化界留一块干净园地。

（一九六九年十二月十五日于台北）

七、早年与陈独秀的一些接触

我因为有病，不能出席座谈会，很抱歉！现在我把要说的话简单地写出来，以供各位参考，并请指正。

(一) 时有来往、也有争论

关于陈独秀的生平及其学养，我所知不深，仅民国九年在上海时时有往来，也时有争论。他是醉心共产主义的，他认为只有共产主义才是真正的社会主义，主张中国要革命，就要和俄国一样，实行共产主义。我则以为中国的社会情况和俄国不同，可以用和平的方法，来达到社会主义的目的。那时我们曾合组社会主义青年团，他要改为共产主义青年团，从此我们就分手，各干各的了。详见拙作《一个亟应辨正的史实》(载《传记文学》第十四卷第五期)，兹不复赘。嗣后陈氏南下，任广东教育委员会委员长，我们就更疏远了。

（二）他们有卢布用呀！苦什么？

民国十年暑期，我游南洋，便道到广州，在永汉路遇见苏麻子。苏是青年书店的经理，我们在上海时相识，此时也到广州来开青年书店了。他问我去看陈独秀没有？我说没有。他说陈氏仍常提到我，应该去和他谈谈。我说我们意见不合，谈不来。苏说，意见还意见，朋友还朋友，力劝我去看他。第二天我到陈氏的住处，天南地北，谈了很久。他问我上海的情形，我说大家都很苦，尤其李汉俊苦撑外国语学社（社会主义的活动中心）非常吃力。不料陈氏连说："不！不！他们有卢布（俄币）用呀！苦什么？"我听了大吃一惊。一则我在上海和李汉俊常见面，他住在他哥哥李书城家里，生活也很简朴；而且愁眉苦脸，不像拿了俄国活动费的样子，二则第三国际拿钱来策动中国赤化，早已有此传说，今听陈氏此言便证实了。但是这些钱被什么人拿去了呢？何以没有经过陈氏的手呢？难道他已被排斥了吗？三则杨明斋（山东人）是俄国派到上海来的重要人物，他主办中俄通讯社，但中文不大通顺，社稿还要我们几个同学帮忙修正，并且替他油印寄发，我们同学全是尽义务的，从来没有得过他分文的报酬。有一段时期我们和杨明斋住在一起，房租伙食都是各自负担。当时大家只知道革命是要牺牲的，要出钱出力的，没有想到，自己的血汗已被人家出卖了。我记得上海首批去留俄的学生，虽是俄国的安排，而由上海到大连的船费都要自己出，大家没有钱，还是靠仇老先生（湘人，江湖中元老。）写了几张便条就过去了。是不是这笔留俄生的旅费也被他人私吞了呢？太狠呀！

（三）陈炯明上了大当，有苦说不出

接着我们谈到广东的情形，陈氏除对南园西园的菜略有好评外，样样都不顺眼，尤其对当时的非常大总统孙中山先生尽力诬蔑，开口闭口都称“孙大炮”。那时我虽不是国民党党员，听来也很刺耳。无论如何，孙先生总是上官，陈氏总是部下，部下对上官可以这样侮辱吗？以后我到了南洋，才听说中国共产党南方由陈独秀负责勾引陈炯明，北方由李大钊负责勾引吴佩孚，企图南北并举，分化敌人，壮大自己。吴佩孚比较保守，没有中计，而陈炯明则要赶时髦、充前进，接受陈独秀等的挑拨和煽惑，认为犯上作乱是革命行动，故敢公然背叛国父，而炮轰总统府了。以后陈炯明失败了，共产党又掉过头来攻讦陈炯明，对其落井下石，尤其在国外有很多华文报，共党分子均藉拥孙之名，而行篡夺之实（例如笔者亲见吉隆坡的《益群报》，共党即利用拥孙反陈的彭泽民为主持人，而笔政则操在共党分子包惠僧、董方城等之手），一面对陈炯明大张挞伐，一面宣传共党谬论，使陈炯明等不但不能在国内立足，连国外也无栖身之所。陈炯明到此才知道上了大当，而有苦说不出了。

（四）后　话

以上所言，不过是陈氏在广州和我谈话的情形，此外他待人处世的态度我也留有深刻的印象。他为人轻率而偏激，但仍不失为性情中人。他明知我和他的意见不合，而谈话时仍很坦率，足见他的胸怀还是很开朗的。共产党是要毁灭人性的，要丧失人性的人才能做共产党，陈氏因为还有人性，所以终不见容于共产党。

陈氏所作的文章虽极具蛊惑煽动的效力。尤适合于求新求变青年人的胃口！但仔细考量，缺失极多，像新青年“放狗屁，放屁狗，狗放屁”那一类的文章，能有传世的价值吗？倘若他不在北大任教，我想俄国人也不会看上他、利用他，就想利用他，也起不了多大的作用。可是他具有最高学府老师的身份，登高一呼，众山易应，所以他们成为中国共产党的开路先锋。后来俄国人又觉得他的头脑不够简单，恐怕难于驾驭，又转而支助其他的人去主持中国共产党。陈氏因此被遗弃了，而仍背着共产党的老招牌，坐困而死，想最后也和陈炯明一样有苦说不出呀！现在外国，尤其美国，也有不少在各有名大学任教的左倾学者正被俄共中共利用着，将来利用价值完了，是不是也会遭到陈氏的同样命运呢？拭目观之可也。

共产党对于资本家剥削劳工的利益，深恶痛绝，但是俄共中共专政以后，劳工变成奴工，农民变成农奴，不但剩余价值被剥削，连基本的生活权利也没有了。他们不但对人民如此，对所谓自己的同志也不例外。上文所说在上海的出卖青年血汗，私吞活动费用，即其一例。现在还有些落后地区或民族，仍要饮鸩止渴，希望俄共中共来解救他们，真是梦想，妄想！人为万物之灵，有时也会愚不可及。像史达林、毛泽东，玩弄这个世界几达大半个世纪，至今还有人看不明白，这不是绝大的怪事吗？

（原载《传记文学》卅卷五期，每月人物座谈会所提书面意见）

八、往汕头去

不作文章又好久了，文章的材料，何曾不是触目皆是，然而我终于不能动笔，一则因我太心大，一提起笔，就想作一篇长而且美的文章，把我满腔的积愫，一概泻了出来，二则因为我的环境不良，起居均不得所（老实说，住屋是平民窟，搭船是三等舱）。事又多，不是心烦，就是心闷，毕竟越想作长而且美的文章，越作不出来，并且连短而且坏的文章也没有了，哈哈！错了！错了！今天解放了他吧！文人自己都不解放，还去解放谁呢？一笑！

这是到汕头去的山东船，山东船只有两种舱，就是官舱和统舱。官舱价贵，不消说，我是没有希望的了。搭统舱吧，又实在不满意；然而事实所迫，不愿意又将奈何？

我上了山东船了，我自从上了船以后，总想找一个寝身的地方，正好像小学生躲迷藏的一样。然而总找不着，想和水手租一间房间，无奈又太贵。租不成！索性让他捉了去吧。

我到底说让谁捉了去呢？就是说让香港的英政府捉了去。现在香港已经过了，出了港口，我才对同伴周君说道："我已脱险了！我是不能到香港的，因为我去年曾因言论触犯了南洋的英政府，他就放逐我出境，并且不准我去香港，（因为香港现在也是他们的领土了）然而我现在毕竟经过香港了。”哈哈！我毕竟经过香港了！

周君是我同船的伴侣，他以前我也是不认识的，然而我们倒不约而同地坐在一块，并且很谈得来。好像天有意叫我们坐在一块的一样；不是。是我的振勇介绍我们坐在一块呵！

人生最反常的时期，莫过于搭船了。平时的生活条件，到此时都一概要停止。坐官舱的，或者还可以过得去，至于坐统舱的，就真是不是人的生活了。坐的地方的龌龊，固不待言，就是吃饭比坐官舱的特别迟些，或者特别早些，过早则肚子还饱，吃不得；过迟则饿过火了，也吃不得。唉！资本家之用心，可谓无微不至了！

“人能察秋毫之末，而不能自见其睫。”这或者是人的通病吧。我们自己也是搭统舱的，却不怜悯自己的痛苦，倒无时无刻不替人家可怜：人家吃了残饭剩菜，我们可怜人家，人家坐了风飘雨洒的位置，我们可怜人家。哈哈！这些都是无意识的么？不是，不是！这就是人类的出发点呵！革命家提倡革命在于是，宗教家鼓吹宗教亦在于是……我不是曾对同伴周君说了么？我们都不是家里不能生活的人；就今家里不能生活，而愿投身为万恶世界的走狗，我们的生活，还许不止于此；然而我们终于不顾个人的幸福，而愿投身革命者，都无非为了一个“求心的安慰”。因为我们有灵性的人，视心的安慰，比肉体的安慰还更紧要；不然，我们又何必出来受这些冤枉苦，呕这些冤枉气！

不要忘记了！我们经过香港的时候，还有一桩使人注意的事，就是有一位中国的军官，带了一枝手枪，被英国人查获了，便带了他上去待审，这位军官临去的时候，大发牢骚，连呼“同胞努力，打倒帝国主义”。哈哈！军官啊！你也觉悟了么？我常常说，帝国主义侵略中国的痛苦，徒给一般文人学士受着，是没有用的，现在居然实施到军人身上来了！帝国主义的战争也怕不长了！

在那水手房门前站着的，不是戴季陶、沈玄庐两位先生么？怎么我昨日都不见他？他们或者是今日才从香港来的吧，我姑且去和他们接谈接谈。

戴沈两先生都是我们青年的导师，他们在我们未觉悟以前，就启示了我们的“社会革命”。我对于他们，已钦仰多年。戴先生去年虽曾和我同过事，然而他不久就走了，我对他所最要求的“知识的供给”，因此也中止了，不意今日又在船上会着。他伸出手来和我握手的时候，好像就在供给知识的要求一般。沈先生虽然曾在上海会过，然而他已不认识我，经了戴先生的介绍，我们才谈起话来。

我们三个谈来谈去，就谈到我们国民党的问题来了。

戴先生说：“此时我们党里有一个最困难的问题，就是宣传不统一。近来有一般同志只尽力攻击资本家和军阀，动辄目人家为反革命派，在他们的意思，以为只要是资本家和军人，就一定没有同情于革命的可能；殊不知，这是错了，大错了！”。

“比方说吧，主张‘唯物史观’的马克思，主张‘阶级斗争’

的马克思，他自己就不是一个无产阶级的人。现在又以你而论，你能读书至今，想必你家里就是不愁衣食的；然而你又何必辛辛苦苦地由中国跑去南洋，复由南洋跑回广州，现在又要去俄国呢，你所以要如此的作革命运动，无非受了良心的驱策。这良心的驱策，就是革命的发源点。”

“所以我们研究孙中山先生的思想，首先就要明白他的伦理观念。他的革命思想，全都是建设在一个‘仁’字上面。智识所以知仁，勇气所以行仁，具备了智仁勇的德性，才能作革命者。如果我们能根本明了他这一点，我们便可提出一个“最高概念”来，而我们全民众都可向这‘最高概念’去努力，然后我们革命运动才能生效；不然，而只是枝枝节节的宣传，便终于顾此失彼，越说越离散人心了。”

戴先生说了这一段话，沈先生复加了几句说明。同畴窃思：“戴先生这一段话，正和我上面对周君说的暗合；不过我们这些人太可怜，有好些话想到了，又不敢大吹大鼓地说出来，待人家说出来了，又悔自己倒不早说！”

“汕头到了！汕头到了！”这是一般搭客的欢呼声，我于是上了岸。汕头的人客真是多呀！简直有人满之患！我和周君几乎都找不着旅馆。下榻了一会，复又上船去，因为戴沈两先生今天就由此去上海，我便带了一把扇去，要他们写几个字，以留纪念。戴先生写了扇后，又再三劝我到上海去帮他的忙，他想，我明年才去俄国；然而我去志已定，欲罢不能；且每年均有明年，想来真可怕也！

这是到汕头的第二日了，我这次到汕头来、原为了在亲旧处收些款子，就去俄国；不料我的亲旧都他去了！我所以到汕头想解决的问题，也解决不了了！革命之神呵！你何必要在人家的进行节中，起风作浪，故意使人家为难呢。然而我的志向坚定，还是要努力前进！

我生平是最乐与环境奋斗的，难道这一次又独为环境所征服不成?

汕头可说是一个最热的地方了，像我这种冬天都不能盖棉被的人，简直是无时刻不流出汗来。我住的房子虽是三楼，然而楼下就是厨房，更加是火上加油，煎得我通夜不眠。今日起床来，觉得周身发热，精神恍惚、一如大病之将至。现在又是下午五点多钟了，黄昏时分，尤足使人生闷。汕头又没有公共游玩的地方，只得信步跑到海边去散步散步。

我到了一个码头上，这个码头是新造的，一架木桥，一直架出海中来。我到了桥头坐下,举目一观,大好风光,让我独占!沉思了一会，便取出纸笔来，信手写了这一篇，然而我的愁苦病呢? 不觉已抛到云霄之外去了。唉！如此可为常，则药石无用矣。

东边的月亮，已在水面涌了上来了；可是一阵一阵的浮云，不时把他遮着，总不许他放出光明来，多闷的我，不觉又过牵动了愁肠，几至放声大哭，忽然又想起戴沈两先生曾为我写了一把扇，何不取出一读：

汴水流。

泗水流，
流到瓜州古渡头。
吴山点点愁。
思悠悠，
恨悠悠，
思到几时方罢休。
月明入倚楼。

——右戴书

十四年来第一勋，
东江昆季尽知闻。
凶残之后为仁易，
白日青天革命军。

——右沈书

十四，六、六，于汕头海岸桥上。

（原载上海《民国日报·觉悟》副刊民国十四年七月二日）

九、西湖游中寄之华

我的妹妹——之华：

这是我到杭州的第三天了，前几天从上海寄去给你的信，收到了么？那封信写得很长，是用快信寄去的，我极愿你能收到，因为那信实在有你一看的必要。

杭州市实在是一个别有天地的地方，既不像上海的繁华，又不像南京的萧条，自房屋街衢以至于人物气象，都含有美的意味，好似一切都被西湖的水洗过了的。我住的地方是西湖饭店，西湖饭店要算杭州一个顶阔的旅馆，凭窗而望，便是西湖，正所谓住西湖旅馆，看西湖风景，比之一般抽三炮台香烟，看梅兰芳戏剧的，还要有趣得多啦！

昨天——二十九日，我和一个朋友已经开始领略西湖的风景了。久仰的西湖，到昨日才来拜访，未免稍有相见太晚之感；但是唯其相见太晚，才更加饶趣。上海一班的苟合虫，今日大世界，明日番菜馆，后日就实行结婚起来，容易到手的东西，反觉得没趣，倒不如多费点工夫，一旦和谐，那才是得未曾有，乐无以加——司马之于卓文君如是，张生之于崔莺莺如是，我之于西子湖也如是。

西湖的船实在是巧妙极了。朱自清的桨声灯影里的秦淮河，那般的歌颂南京秦淮河的船，实在是一椿不可解的事。西湖的船，既轻快，又风凉，又没有那些拉拉杂杂的东西阻碍我们的视线。轻快便于游行，风凉适于栖息，没有那些拉拉杂杂的东西，便能随意远眺，我们可以把整个的西湖放在我们的船上，放在我们的桌上，映入我们的眼帘，同时也可以把我们的船，我们的桌，我们的本身，放在西湖里面，换句话说，西湖就是我们的全体，我们就是西湖之一部分。

西湖的船呵！船上的西湖！我们已经融成一片了！

阴雨，烟雾，这是湖海的家常便饭罢！唯其如此，所以湖上也很少连绵不绝的大雨。我们刚下船的时候，洒了一洒轻描淡画的雨丝；舟子告诉我们说，不必怕，雨是落不久的，刚划到湖中，雨果然止住了。同游徐君对我说，这边是雷峰塔旧址，那边是岳王墓名胜，中间的是三潭印月，湖心亭，苏堤，说来津津有味；不多一会，我们已到三潭印月了。

三潭印月是在西湖的中心，据说这是好事的苏东坡筑成的。里面有莲塘，有竹径，有游人栖憩处，有浙江先贤祠，明代遗老黄梨洲先生亦被祀其中。我们一一看过，以为这个地方已经是心满意足了。并到藕粉店里买了两盒藕粉。卖藕粉的老人说："这是顶呱呱的西湖藕粉，一块钱买四盒。"我说："只买四盒，难得带。"老人说："两盒也是带走，四盒也是带走，何必又多嫌这两盒呢？"哈哈！原来这老头是一个"剖斗折衡"的老学家呀！

一不做，二不休，不来还可，一来便多了许多事了！徐君对我说，这里有照相的，我们去留个纪念罢！我说也是，人生在世，本来是流水似的，一日不如一日，刚才说的话，做的事，不一会就随着时间过去了。我们如果不把他用物质留住，永远的留住，到了若干时日以后，我们到底来游过西湖没有呢？西湖到底有我们的影迹没有呢？不得而知也！所以我们只有把我们这一转瞬的光景，暂且保留住——虽然不能完全。照相的来了，徐君站在我的右边，背后有水亭，有荷池，有绿林，有湖涟，总算是已经够好了；但是不够，比之上次在秦淮河不够。我老觉得少了一件东西，我觉得像我们这椿枯燥的男子，实在不足以点缀这个明媚的西湖，反把西湖恶化了。聪明的妹妹之华呵！你说我到底少了一件什么东西呢？你猜！你猜！

天下事无独有偶，前代有了一个好事的东坡居士，近代又有一个好事的南海圣人（？）。康南海的复辟运动，自然是好事；他在西湖题刻的许多佳句，更加是好事。三潭印月南部有一个水台，他挥毫题着一幅对，内有“岛中有岛，湖外有湖”二句。“岛中有岛”大概是说三潭印月是岛，岛中的水台又是岛；“湖外有湖”大概是说荷池是湖，荷池以外的大湖更是湖。佳人佳句佳景，鼎立成为三绝，看不完的西湖呵！说不尽的西湖呵！

别了三潭印月，一直泛向岳王墓去。中间经过湖心亭苏公堤。遥望见苏小孤坟，无人慰问，真不失其所以为孤也。到岳王庙前，登岸，先参岳王墓。岳王墓已是新的了，从前所说的“岳王旧墓”，已不见得旧了。墓作圆形，虽不宏丽，但很庄严，使人到了这里没有不把说岳传重温一遍。多情多感的我，好像每一个血脉都充满了岳飞的故事似的。墓前跪着几个铁像，就是秦桧夫妇及万俟离等，一般好事的人们，不绝地撒尿和水在铁像上面，以表示对岳飞的同情。

唉！公理自在人心，作恶的秦桧哪里又晓得有今日呢？现在一般卖国求荣的军阀官僚，仍是不少，见此不知作何感想也。

一座高大而宏丽的庙堂，中间坐着一位大神像，这就是岳王庙了。我走上堂来，便深深地对岳像致了一个敬礼。自然，我不是要岳武穆保佑我升官发财，也不是要岳武穆保佑我多子多孙。我所敬重岳武穆的，是他的精神，是他救国保种的精神。人类只要有一日有种别，有一日有国界，他这种救国保种的精神都是不可毁灭的，何况霸道横行，弱肉强食的今日？

此时已经是下午六点钟了。夜幕催人，不能久留，于是我们就匆匆地走了几个地方——西冷印社，清帝行宫（即今公园），徐烈士墓，以及梅林冯墓等这都“走马看花”似地看了一遍，但觉得美不胜观，百感如潮。此时我很追悔在三潭印月，不该耽搁那般久，应该分些时间来这里游玩，然而时间终于过去了，追悔莫及，又何必得陇望蜀，不知餍足。

去了，去了，我们离别这些胜景回去了。我们的船，此时已泊在平湖秋月。我们就到平湖秋月下船。平湖秋月是西湖十景之一，一个三面当空的水台凸出湖中，水光山色都宛然在目，习习的湖风，又随着晚景送来，更使人心恍神移，不知所至。白公堤在我们归途的左边堤上绿柳成荫，俨如屏障，把一个明媚的西湖，更加上神秘的意味。我此时已起了疑惑，我疑惑是因为有了明媚的西湖，才有这许多人来点缀他呢？还是因为有许多人来点缀他，才成为明媚的西湖呢？造化者啊！请你答复我！

这是杭州市政厅长邵元冲先生家的筵席。我也是被邀在座者之一。我提议要邵先生在掌管市政的期间，留些纪念在西湖，以为后人观瞻。邵先生正在说要留什么纪念才好。同席张静愚先生便应声说道："有了！有了！前几天西湖里发现了一块古碑，上面刻着'青天白日'四字，这块碑倒来得神怪，我们何不把他装置在西湖里面，以为国民革命的天然的成功碑呢？"大家听了，齐声称善；并发出温和而清亮的笑声，好像都在歌颂国民革命的成功似的。我今日的西湖游，也就在这笑声里笼罩下去了。

（原载上海《民国日报·觉悟》副刊民国十六年七月十三日）

十、宁远楼上一席话

（一）明媚中的楼台

这是一个初夏。帘外风光，依旧是暮春的景象，所谓“花香鸟语正宜人”的时候。

考试院有一座宁远楼，在这明媚的春光中，更显得窗明几净。因为楼外障碍极少，可以高瞻远瞩，而楼内布置又很清幽，真可谓宁而且远哪——固然，这楼的取名，或许是宁静以致远的意思。

（二）惦记着戴先生

戴季陶先生，谁也知道是一位富于思想的领导者，他的思想。每每成了大众的行动。可是这几年来，很少见他发表言论。

有的说他病了，有的说他念佛去了，忘记革命了。传说纷纷，甚或加以讪笑。专说他人的短处，以自示不凡，固是今日我国人的时髦病，然而有些说者，也许是善意，是由希望而失望，由失望而怨愤，不然，他们又为什么偏要惦着戴先生呢?

（三）开怀入座

我的好奇心冲动了。这日专诚到考试院去拜访戴先生，以解我胸中的疑团。果然承他不弃，延见于宁远楼——就是这座充满春光的宁远楼。

阔别之后，相见自然欣悦。我们略道寒暄，便开始长谈。戴先生谈锋甚健，依旧有诲人不倦的精神。我觉得他的脸上，满露春风，同时真的春风，也铺满了他的一面。

（四）无所谓落后

因为戴先生问我，这几年来作了些什么事，有什么新的研究没有。我便说:“惭愧极了！这几年来，作的都是地方上的事，因为我喜欢作实际工作，但是思想方面，落后极了。”戴先生连忙说道:“思想无所谓落后，但能切合实际，便是对的，否则尽管说得新奇，说得五花八门，还是不中用。”戴先生这么一说，好像轻轻地便替我解了嘲，使我立时增加不少的自信与自慰，然而在竞奇立异，专凭思想而思想的人们听来，又恰好是对症下药呀!

(五) 匪与江西

我继续对戴先生说道:“我去年(二十二年)曾随同军队到江西剿匪，曾实地观察匪区的状况。我觉得江西的匪患，固然是由于山川的形势，使匪不易消灭，同时社会的组织不健全，也不能说没有匪的容纳性。江西人民惯于外出经商，就好的方面说，是有进取的精神，但是重利远行的人既多，也就形成农村的空虚，并且很容易养成自私自利的风气。农村空虚，匪便乘虚而入。自私自利的风气养成，便不肯同心协力去与匪抵抗。所以匪患从此蔓延，所以在历史上江西的匪祸独多。”

“现在江西的乡村——或者是一部分——似乎只有两种势力在那里循环着，就是从匪的流氓地痞来了，造匪的土豪劣绅便去，从匪的流氓地痞去了，造匪的土豪劣绅又来了。这两种势力都是社会的蟊贼，人民的掠夺者。至于正绅和良民呢?自然很多，可是没有构成一种力量，足以作社会的中心势力，社会这样的飘荡着，随时都有匪化的可能，就令军队把匪剿灭，下次的匪患仍难免再来。以前大家都说，剿匪不仅是一个军事问题，而且是一个政治问题，依这样看来，便不但是一个政治问题，而且是一个社会问题了。要想把江西的匪患根本肃清，永远的肃清，便只有把江西的乡村社会改革一番，并且树立一种正绅和良民的中心力量——足以安定社会，慑服流氓地痞，土豪劣绅的力量。”

（六）豪劣的由来

戴先生对我所说的“剿匪是一个社会问题”这一点，也表示同意，并且又问我道：“你曾研究豪劣的由来没有？”我说：“不曾研究。”戴先生道：“我们需晓得消灭豪劣的方法，先要认识豪劣的由来。以高利贷吸收农民的资本，再以吸收所得的资本，来扩大自己土地的所有权。所有的土地既多，便能支配农民的生活，既能支配农民的生活，便握着横行乡里的威权，这就是土豪。至于劣绅呢？就是勾结贪官污吏，以鱼肉人民的一种恶绅，也就是吏治不良的寄生虫。倘若地方能多多举办农村合作事业，政府复以相当的资本，轻利贷与农民，那么，农村的经济，比较活泼，土豪便无以肆其威，而失其所以为‘豪’了。倘若政府能彻底澄清吏治，使官无不清，吏无不循，那么，官民自然相得，劣绅便无法施其技，而失其所以为‘劣’了。所以豪劣并非生而为豪劣，是由环境所造成的。我们要消灭豪劣，就要消灭卵育豪劣的成因，才是根本的办法。”

（七）戴先生赞美苏东坡

谈到这里，戴先生突然问我道：“我们中国历史上，有一位最会运用治权，化民成俗，政绩昭著的政治家，你可知道吗？”我答：“不知是谁？”戴先生说：“就是苏东坡。”我听了立刻现出惊讶的样子，心想怎样苏东坡曾是一位了不得的政治家。戴先生说：“苏东坡一生历官十余州，处处都有惠政，他从政至多不过三四十年，平均每处不过三几年。以这三几年的短促时间，便能作出很多的政绩，使人民爱戴他，敬仰他，如同赤子之于父母，这是何等的难能可贵呢？他晚年曾被谪到海南的儋州，儋州那时，地方荒芜，人民粗野，然而苏东坡能够乐易自适，德化及民，不过几年，治绩大著，民至于今不能忘。”

“儋州这样边鄙难治的地方，苏东坡尚且能够作出如此的成绩，至于此外如杭州、湖州、徐州、黄州、惠州……处，那就更不待言了。苏东坡怎么能作出这样的功绩，难道那个时代，就没有歹人，没有土豪劣绅，作他政治上的障碍吗？

不是的——歹人是有的，土豪劣绅也是有的，不过苏东坡会因势利导，使他们潜移默化，而同心向善，他所以能够感化人家，就是因为深得佛家四掇法的妙用。什么叫作四掇法呢？一是布施，布施不只是财，最可贵的是能以道教人，以德化人，此又谓之法施。二是爱语，就是不可说人不爱听的话，时时处处都要把人领向好路上去，而且使他自爱自尊，才会有用。三是利行，就是旧话的推行尽利，因势利导。四是同事，凡做一件事业，都要有与人同作的精神。他人的好事，固然要尽力帮忙，自己作一件好事，也需与人同作，因为一人力量有限，做不出大好事来的。苏东坡一生的成功，就是明白这个道理而且实行。”

“现在我们中国，社会是混乱的，人心是浮动的。倘若作地方官的人都能效法苏东坡，诚实地去为人民做事，并且运用潜移默化的方法，使人民养成一种向善的风气，那么，社会也就安定了，土豪劣绅也就绝迹了。”

（八）“宁远楼上一席话”之后

苏东坡是一位了不得的政治家，我总有点怀疑，我疑心戴先生一时说错了。中国古时有惠政的人多着，为什么偏要说到苏东坡呢？我少年曾读过他一些作品——如《喜雨亭记》、前后《赤壁赋》、《刑赏忠厚之至论》、《代张方平谏用兵书》等等。我觉得他除有文史流传外，便只是一些风流韵事了。说他是一个文学家，我相信；说他是一个风流潇洒的才子，我更相信；说他是一位了不得的政治家，我便真的有点奇怪了。

和戴先生说话以后，便把《东坡七集》，仔细翻读，同时又参看他的年谱和传记。——真的！不错！苏东坡自二十五岁作河南府福昌县主簿起，至六十五岁徙廉州止，足足服官四十一年，中间除在京前后任职共约八年外，其余的时间，都是作地方官，历经凤翔、杭州、密州、徐州、儋州等处，处处都有惠政。他的智慧本高，他的志事本大，然而不能容于朝廷，退而出来作地方官，他不但没有怨愤，而且安心为地方作事，这种人格的修养，是何等的伟大！在专制的时代，以一个小小的地方官，和朝廷一班人的政见又不同，作事自然是很困难的，然而苏东坡能够不动声色，排除万难，到一处作一处的事，使地方人民皆受其惠，这种善于应付，精于治理的妙腕，真有不可及的地方。他有伟大的人格修养，又有不可及的政治手腕，难怪戴先生这般的赞美他呀！

这是很容易听见的——“苏东坡是一个风流潇洒的文人，所以有很多风流韵事，流传后世。”现在我明白了！后世传述他的风流韵事，并不是为风流韵事而传达风流韵事，因为他有功于民，民至于今不能忘，就连他一鳞一爪的风流韵事也传下来了。

我很感谢戴先生指示我们一个政治上的好榜样。又很佩服戴先生的思想和见解！始终站在我们的前头。人家说戴先生念佛去了，忘记革命了。我说，戴先生不但没有忘记革命，而且为革命计虑者，正深而且远哪！

（民国二十四年七月八日起连载南京《中央日报》）

十一、忆孝园戴先生

孝园戴先生逝世二周年矣，际兹大陆“沦胥”，赤祸横流之时，对此反共抗俄之革命理论大师，益增景仰，中枢特征文纪念，同畴追随戴先生前后二十余年，平日亲炙其言论思想之机会独多，惜离乱之身，缺乏参考资料，未能为有系统之叙述，仅就脑际记忆所及，拉杂以书，欲求表扬其万一而不可得，吁！将何以对此伟大之先进乎！

（一）

戴先生明哲天生，睿智绝伦，其在辛亥革命时期，戴天仇三字固已驰闻遐迩，即余拜识先生之学术思想亦远在民九以前，时方新文化运动勃起，戴先生以新颖敏活之手笔，谈政治经济诸问题，所作散见于当时在沪出版之星期评论及 总理所办之建设杂志诸刊物中，每文一出，无不脍炙人口，与当时在北京领导文革之胡适之先生遥相辉映，堪称南北媲美。本党在此时代之大转变中，仍不失其领导地位，固由于 总理先知先觉大道大德之所感，而戴先生不断输入新血液，实亦助与极大之活力也。

（二）

民国十三年春，余因在南洋办报，鼓吹民族革命，为英政府所忌，被逐回国，至广州，适当本党改组之后，气象一新，诸友劝余入党，余曰："余在海外数年，目击侨胞受外人压迫，深感欲求个体解放，必先求国家民族的解放，此与国民党之见解相同，而与共产党之主张相异，今国共合作，余将安适乎？须俟与戴季陶先生详谈后，方能决定入党与否。"旋晤戴先生于廖仲恺先生家，时值暮春，岭南早熟，葵影兰香，清幽盈室，戴先生于春风满面之中，解答余所提诸问题，并指案头所置正在整理之 总理三民主义讲演稿谓余曰："孙先生刻正讲演三民主义，不久即可全部问世，君细读即知为今日中国革命之唯一宝典矣。共产党之主张固有不同，但既加入本党，即应遵守本党之政纲党纲。在此国民革命之洪流中，吾人必须步调一致，方能发挥最大力量。君入党与否，此时不必相强，刻本党正筹办黄埔军校请先随余至军校政治部工作，俟对本党确具信心时，再行入党可也。"五月二十八日余至军校，司编撰之事，总理讲演之三民主义相继出版，每与戴、廖（仲恺）两先生晤及，均津津为余阐释内容。七月一日遂由两先生介绍入党。此为余献身本党之始，岁月蹉跎，忽忽二十七载，自愧无所贡献，然于本党主义始终信守不渝，皆戴先生之所赐也。

（三）

民国十四年，总理逝世，共产分子乘机曲解主义，篡窃党权，浸假国共不分矣。本党忠实同志莫不惶然。戴先生返粤，讲演于中山大学，标榜孙文主义之哲学基础，系渊源于我国固有之传统文化，彻底指出三民主义与共产主义在理论上根本不同之点，国共之分，是非之辨，于焉清朗。旋戴先生赴沪，余适有东江之行，与先生邂逅于“山东”轮上，沈定一先生与先生同行，居于一室，舟中多暇，三人畅谈，于国共理论之别，本党容共之事，无不论及。余至汕头，即将舟中所谈写为《往汕头去》一文，寄沪请戴先生核正，先生即将其发表于上海《民国日报》。共党在粤分子遂群起攻余，唇枪舌剑，缠扰不休。戴先生命在沪设立季陶办事处以阐明 总理遗教为己任，其名著《孙文主义之哲学的基础》及《国民革命与中国国民党》两书相继出版，全国同志奉为圭臬，辗转传播，继以行动，遂有孙文主义学会之组织，而蔚为反共清党之巨潮，民十六之清党实肇基于此。昔韩退之有言：“孟轲好辩，孔道以明。”戴先生实现代之孟轲耳，斯其所以为传贤也欤！

（四）

戴先生对于本党总裁 蒋公交谊最厚，亲如手足，而敬若兄长，总理逝世后，戴先生即以其事 总理者事之，举凡党国大计，革命理论靡不互相研讨，彼此参证，说者皆谓 蒋公思想与戴先生如出一辙，盖皆渊源于我国固有文化而以公忠体国之精神以出之也。民国廿五年冬 蒋公蒙难西安，讯至都门，戴先生义愤填膺，怒不可遏。余趋询计将安出，公毅然曰："无他，讨贼可耳，蒋先生以身许国，何惧贼之劫持耶！"嘱即草"讨逆的信心"一文送《中央日报》发表。旋中央集会于大礼堂，主席居觉生先生言至中央定计"讨贼"时，戴先生奋臂大呼，声震屋瓦，闻者无不感奋。计定，大军入陕，张学良等因受 蒋公伟大人格之感召，恭送蒋公返京，轩然大波，于此解决，群情欢慰，咸服中枢决策与 蒋公精神得相脗合。倘当时中枢无人主持，或主持之者而无戴先生与 蒋公交谊之厚，相知之深，亦何敢毅然作此决策，则局势演变，或仍不堪设想。后 蒋公于其《西安半月记》中，亦言因闻中央飞机飞临西安，即知中枢定计有人，中心宽慰云云。噫！人之相知，贵相知心，其蒋戴两公之谓乎！余于此至服戴公胆识，更见 蒋公之伟大也。

（五）

谈革命理论不难，而精确匪易，反共抗俄之人士固多，而一贯可贵，戴先生以超人之智慧，坚定之立场，精确之理论，以从事于反共抗俄者廿余年矣，从无一日稍易其立场，稍懈其志责。卢沟桥事变之日，适庐山暑期集训之时，余随戴先生寓于庐山芦林，余问大战既启，胜负谁属，公曰："日本徒足为中国之仇，而非中国之敌也。"后日本覆败，而赤俄占我东北，其言果验。政治协商会议在渝召开，"共匪"大展其和平攻势，外诈友邦，内欺国人，公忧郁特甚，慨然叹曰："共党之乱为人类历史上空前浩劫，吾国经此劫后，人口之减少将以几成计，而非以百分比计也。"今大陆同胞受害之惨，杀戮之众，非旷古未有乎？公常能见微而知著，目光宏远，而立论精微，其高妙处每多人所难解。余承教多年，偶闻其言，亦常不解，日久忽又验之，至今公所言而未解者尚多！况骤听者乎！故余尝谓人曰："戴先生所言高深，不可轻议其非，吾人与其谓为不好，无宁谓为不懂也。"公对首鼠两端之跨党分子常深恶痛绝，谓邵力子为阴谋家。张治中原出入其门，后以奔走于国共之间，自认为进步人物，公曾面斥其妄，不稍宽假，世或以为太过。三十八年一月二十一日，总统 蒋公由京引退飞浙，余适以事至机场，闻讯惶惑，见机场送行诸人皆面露忧色，独邵力子与张治中两人对弈于机场之休息室以取乐，大有不胜快意之感，司马之心，昭然若揭，后邵张果藉和谈飞平附逆。嗟乎！两人之受国恩厚矣，今反藉为“投匪”之资，其心尚堪问耶！余于痛愤之余，更不禁三复戴先生之言矣。

（六）

戴先生以现代之思想，而笃信佛教，世或以此为先生病，殊不知此未足以病先生也，先生信佛，原于天性，亦即世所谓有宿根者，非伪也，且公向主宗教信仰自由，从不强同于人，亦不求人强同于己？民国二十六年余与考试院同事数人随轺匡庐，公遍礼诸寺，莫不虔诚跪拜，同事中或有应否随同顶礼相商者，余曰：“吾于佛教未具信仰，不能自欺其心也。”公闻之，亦释然。公于寓中固常设坛唪经，然从不邀同事礼佛，即谈佛亦少，外所传“考试院叮叮当当”者盖诽谤之词耳。戴先生以信佛之故，其思想自亦受其影响，忆昔曾与余论苏东坡之政治思想，谓东坡以绝世之才，而宦途坎坷，惟能以佛家之心，行圣贤之教，故所至皆泽被生民，称颂后世，并举佛语与东坡之言行相印证，后余曾为《宁远楼上一席话》一文以纪其事，民国二十三年刊于南京《中央日报》，其中有关佛学一段，为戴先生所亲填，惜稿已无存，要而言之，无非以大慈大悲之心，行至刚至正之事，其入世也为伟大之政治家，其出世也为伟大之宗教家。自今而思之，实亦先生之所自况也。呜呼！人世沧桑，瞬息万变，昔以论东坡者，今以论公，公其以为当乎，否乎？

（一九五一年二月三日此文先后发表于中央《改造月刊》及台北各报）

十二、戴季陶先生逝世三十周年感言

前几天，《中外杂志》发行人王成圣先生对我说："戴季陶先生逝世三十周年了，在此赤焰弥漫，举世汹汹之时，对此反共理论大师，益增景仰，你可以写一篇文章来纪念他吗？"我因为眼睛有白内障，很久没有写作，但鉴于王先生的热诚，又目睹世局如此混乱，很自然勾起了我对戴先生的回忆，而有无限的感触。

我对戴先生的言论思想，有过很多篇的记述和评论。主要的，在他生前有三篇，在他死后也有三篇。在他生前的三篇中，第一篇是民国十四年在上海《民国日报》发表的《往汕头去》。这是我和他在"山东"轮船上的谈话记录，内容是讨论国共思想的区别，曾经送他看过，而且是由他送去发表的。接着他在上海自设季陶办事处，撰印了《孙文主义的哲学基础》和《国民革命与中国国民党》两本反共名著，这篇《往汕头去》就适巧的成为他这两本名著的前奏。第二篇是民国二十四年在南京中央日报发表的《宁远楼上一席话》，他所谈的是苏东坡的政治思想，所受佛家的影响，其中有关佛学一段还是他亲自填写的，（因为我不懂佛学）。第三篇是民国二十五年在南京《中央日报》发表的，是讨论西安事变与讨逆的问题，当时我们的革命领袖被叛逆张学良等劫持于西安，戴先生义愤填膺，力主讨伐，以救领袖脱险。所以要我也写这篇东西，以相呼应，而释群疑。至于他死后我所写的三篇中，第一篇是一九五一年在《改造》月刊发表的《忆孝园戴先生》，这是戴先生逝世二周年，我应中枢征文纪念之作。虽是用文言写的，但很浅近通俗，与白话无异。戴先生留给我的印象都在这篇表达了出来，自己觉得相当满意。事隔多年，恐怕有很多人还没有读过，或者读了而已忘记。《中外杂志》如有篇幅，最好能以附录转载于本文之后，使世人更能了解戴先生之风范与思想。其有裨于世道人心，当非浅鲜。其余的第二篇是一九六九年五月在《传记文学》第十四卷第五期发表《一个亟应辨正的史实》，是我根据我所亲见的事实，纠正外间误传戴先生曾参加发起共党之作。第三篇是在《一个亟应辨正的史实》发表以后，香港有一位读者不以我见为然，并列举陈公博、周佛海等人的证言来加重对戴先生的攀污。因此我再写了一篇《为一个亟应辨正的史实再说几句话》。这是一九六九年十二月写的，适逢戴先生八十冥诞，"中央党史会"要陈伯稼先生汇编纪念专集，就把我这一篇要了去，编入专集之内，所以外间见者甚少，如果《中外杂志》能一并刊入附录之末，使此精神冤狱得以大白于天下后世，更是功德无量。

孟子说："有不虞之誉，有求全之毁。"韩文公也说："事修而谤兴，德高而毁来。"文人相轻，自古已然，何况共产党素以造谣惑众为能事。韩文公死了这么多年，至今还有人硬要给他戴上一顶桃色帽子。胡适先生提倡新文化运动，有人说他否定中国固有文化的价值，无异做了共党的开路先锋，但共产党"窃据"大陆后，还是要清算胡适思想，并且在《溥仪自传》里面偷偷地放了胡先生一枝冷箭，丑化他几十年前进见溥仪的往事。戴先生始终是共产党的死敌，共产党要诬陷他，当更无所不用其极了。胡先生提倡新文化运动的是非功过，我在这里暂且不谈，他最初的构想也许要藉此把西方的民主与科学移植到中国来，不料共产党因利乘便，抢先把共产主义输入了。竟使我国陷于万劫不复之境，这好比平剧里的花田错，要请的白书生没有来，而一个花脸恶霸却来了，真是始料所不及呀！

戴先生是一位智慧绝伦，而又有特性的人，他常常不同流俗，独来独往，好像天上的一颗彗星，有时无影无踪，有时又出来大放光芒。他生平的事迹，除年少参加革命，才华英发，以及嗣后历任枢要，对中央的定计决策多所贡献诸大端，久为世人耳熟能详，无待赘述外，兹就其平日的特立独行，摭拾数点，以飨读者。（一）当西安事变，中央定计讨伐叛逆之时，有某大员来问戴先生万一蒋先生遇害，吾等于心何安，戴先生毅然说："你放心！我和蒋先生的关系并不比你们轻呀！我主张下令讨伐，正是所以救蒋先生的呀！革命党以身许国，就令蒋先生万一不幸，也是求仁得仁，有何不可？"某大员无言而退，后来蒋先生果安然脱险。（二）戴先生虽久居高位，但不愿干预党政机关的人事，如有人要他介绍求职或升迁，他都婉谢，因此得罪了不少人。他身为考试院长，考试及格人员需要分发各机关服务，如果又以八行书干涉人事，不是自己给自己过不去吗？再则居高位的人，应该一秉至公，爱人以德，不可以私恩示人，以免形成派系，而贻害国家，历史上因派系倾轧，而祸国殃民的往事，他常引为深诫。（三）他不喜欢无谓应酬，对于婚丧喜庆，也看得非常慎重，从不轻易参与。为人证婚更非所愿。他的意思，现在一般的结婚仪式，既不合我国的传统也没有礼范根据，所以他只好谢绝。上海某大闻人，家祠落成，全国显要以至各界领袖都送贺词颂扬，而戴先生独缺，如此虽小事，更可见其风骨，亦可知其有所为，有所不为的一斑。（四）民国初年大家都公认我国开国元勋是孙中山先生和黄克强先生，所以并称孙黄，后因黄先生早逝，党内又有若干变化，渐渐大家很少提到黄先生了。民国十五年本党（中国国民党）在广州开第二次全国代表大会，会场内挂满了革命先烈遗像，而独不见黄先生的，我有点奇怪，后因事到后台接洽，才发现黄先生的照片放在后台的墙脚下，是有意不挂出去的，党内如此冷落这位丰功伟烈的元勋，我实在有点不平，一直纳罕多年。民国二十六年抗日战起，政府迁川，戴先生要我先去湖南等他。他说，我国有两位开国元勋，一位是孙先生，一位是黄先生，孙先生的家乡广东他是常去的，而黄先生的家乡湖南，他还没有去过，所以这次入川，要取道江西转湖南，藉以瞻仰黄先生的家乡，而了夙愿。我听了他这几句话，一时无限酸痛，又无限安慰，总算是世间还有公道呀！（五）胡展堂先生辅助国父，献身革命，始终不渝。国父逝世后，又能团结同志，稳定中枢，完成北伐统一大业，其对国家贡献之亘及其高风亮节，均为世所共仰，后因政见与中枢失和，戴先生函电斡旋，费尽苦心。民国二十五年，胡先生去世，首都开会追悼，各方挽词很多，类皆泛泛之词，戴先生授意陈伯稼先生代写挽联云：“立大节而不可摇，定群疑而不可惑，操危虑深，共仰良工心独苦；尊德性则为明师，道问学则为益友，生离死别，怆怀今我泪偏多。”语意何等切直，何等沉痛！然非戴先生何能为此。其中立大节定群疑二语，胡先生固可当之无愧，其实戴先生又何尝不如此呢？

（原载《中外杂志》第二十五卷第三期，一九七九年三月）

十三、邵翼如先生殉国十五周年纪念悼词

记得是去年的春天，许师慎先生来访，我们闲谈中论及党内诸位先进，我说：“诸先进中，以文才著称，而给我印象最深的有三个人，一个是戴季陶先生，他才气纵横，而识见高远，他以一支笔，唤醒了国魂，使满清颠覆，民国建立。他又以同样的一支笔，招回了党魂，澄清思想，使大家了然于国共之分，是非之辨。他是一位振衰起敝，拨乱反正的革命理论大师。但是他赋性豪迈，生活不受拘束，中年以后，常为病魔缠绕，他兴奋时往往数日不眠，但到疲惫极了，一睡也就几天，所以有人说他，戴先生非病也，惫也。这句话一点也不错。综合他的一生，可说是才识超迈，思想精深，而生活不可以为训。一个是邵力子（现已“附匪”，恕不称他先生了），他生活简朴，十足平民作风；但是他的言论思想含有很多共产党的毒素。我常常说至少有两件事不能和他谈论，一件是国共问题，一件是中苏问题，一谈到国共问题，他就忘记他是国民党，一谈到中苏问题，他就忘记他是中国人。所以有人笑他是邵力子诺夫，并非过言。综合他的一生，可说是生活可取，而思想不可以为训。一个是邵翼如先生，他有高深正确的学术思想，也有严谨规律的生活习惯，他有君子风度，外温和而内刚正，使善者见之如

坐春风化雨之中，恶者见之亦收严师诤友之效。综合他的一生，可说是思想生活都可以做我们的典范，可惜为“匪党”所害，这是我们党里最大的损失。”

隔了不久，中央日报出了一张特刊，纪念邵翼如先生的六十冥诞，里面载着许多纪念文字，其中有一篇是吴稚老写的，他老先生也把党内这几位文人学者和翼如先生做了一个比照。高攀得很！我们竟是不约而同了！吴老先生我很少见面，更不曾向他领教过这类问题，这不是人同此心，心同此理而何？

我认识翼如先生是在民国十三年，那时正当黄埔军校初创，政治部主任是戴季陶先生，党代表的廖仲恺先生、翼如先生和胡展堂先生及汪精卫等（汪于廖仲恺先生被刺后，始继任党代表）都兼任军校政治教官，他们都很忙，时常缺课，只有翼如先生最负责任。他主讲各国革命史略，启发革命知识，指示革命路线，听者无不深受感动。当时潜伏本党的共产匪徒只想冒用本党的名义，而反对本党的理论和思想，就是 总理的三民主义，他们也阳奉阴违，极尽曲解之能事。对于本党在军校的各位政治教官更是嫉忌与阻挠。我当时是在政治部担任撰述工作，也常遇到他们的干扰，因此和他们发生一连串的争执和冲突。没有好久，戴季陶先生果然气愤地走了，我更感到彷徨，幸赖翼如先生苦撑了一些时，他主讲的各国革命史略终于依次讲完，是为军校政治教育丛书之第一部。他这种毅力和决心，实在值得我们敬仰，自然，更值得“共匪”仇视。

其后翼如先生在中枢和各地主持党政大计多年，勋业彪炳，昭昭在人耳目，他并于从政之余，不忘著述，先后刊行名作数十种，谆谆以反共建国勖勉国人，而于培养民族正气，以固国基，更视为当务之急，煌言谠论，发人深省。可是共产“匪徒”，别具心肠，不徒不受感召，反而更加嫉恨，初则利用渗透战术，企图毁谤他的令誉，终则乘西安事变的机会，戕害他的生命。昔苏东坡谓韩文公参天地之化，关盛衰之运，其生也有自来，其死也有所为，能驯鳄鱼之暴，而不弭皇甫缚李逢吉之谤，公所能者天也，所不能者人也，翼如先生还不是这样吗?

翼如先生被害后的次年，抗日军兴，国人并心御外侮，多少人都说，倘若他尚在，中枢对他该是如何的倚畀，一展他的夙怀。抗战结束以后，“共匪”势焰日张，又有多少人在说，倘若他尚在，该是如何的硕划盖筹，发动更多更大的力量，和“匪”拼一死活。现在大陆“沦胥”，赤祸横流，更有多少人在怀念他，说他倘若尚在，该是如何的义愤填膺，殚思竭虑，辅佐我们的元首，领导我们争取反共抗俄的最后胜利。虽然，话又说回来了！倘若翼如先生果然健在，国人又都能晓然于他的反共建国之道，并发扬我国固有的民族正气，以自惕励，则内患何由而生，外侮何从而来，或者我们今日还在大陆，更或者抗日之战，“共匪”之祸，都能消灭于未然，那不是更好吗?可是恶毒的“共匪”，早在十五年前就把他杀害了，国丧元良，人失导师，恶魔得逞，以迄于今，这是他们的大幸，也是我们的大不幸。

回忆翼如先生前曾和我谈及党内诸先烈英勇死国的事迹，

他慨然地说："诸先烈中如秋瑾、徐锡麟、方声洞、林觉民等都是一些英俊杰出的人才，倘若他们生到现在，对于我们的建国大业，定有伟大的贡献，可是他们都抱定我死则国生的精神，慷慨赴义而死。唯其他们是一时英俊杰出的人才，所以他们的死更可以惊天地而泣鬼神，更可以激起革命的热潮，而达推翻专制，建立民国的目的。这就是古人所说的死或重于泰山，也就是往圣先贤所昭示我们的不依形而立，不恃力而行，不待生而存，不随死而亡的浩然之气。"他谈话时，脸上充满着侠义的神情，至今还在我的脑际。不料他说这话后不到两年，他又踏着先烈死国的血迹而遇难了。他以革命先驱，从事建国大业，终至以身殉国，既成功，又成仁，他为革命而生，其生无愧，他为革命而死，其死何恨？所可恨者，"共匪"尚未消灭，暴俄尚未败亡，这就是我们后死者的责任了。

（原载一九五一年十二月十四日《中央日报》）